"十三五"国家重点出版物出版规划项目

中国工程院重大咨询项目　国家食物安全可持续发展战略研究丛书

第 五 卷

食物保障可持续发展的科技支撑战略研究

中国工程院"食物保障可持续发展的科技支撑战略研究"课题组
盖钧镒　主编

科学出版社

北 京

内 容 简 介

本书是中国工程院重大咨询项目"国家食物安全可持续发展战略研究"的第七课题"食物保障可持续发展的科技支撑战略研究"的成果。本书在释明食物保障概念并区分食粮和饲料粮的基础上,对我国耕地和非耕地资源未来农产品供给能力做了估计,提出我国食物保障耕地是瓶颈,良地应优先保障食粮,饲料可统筹耕地、草原和海洋资源。必须研究耕地资源扩展、改良与替代的科学技术,现有耕地资源可持续高效利用的科学技术,以及非生物逆境应对的科学技术,并做相应研究计划的顶层设计。科技创新要落实在食物生产的可持续发展,因而强调重大农业科技创新与常规产业技术改进互动的科技发展战略。解答食物保障所需的科技难题需要高瞻远瞩的设计、组织、监管和推动,涉及的国家科技发展的体制和机制必须改革。本书从支撑国家重大农业科技发展角度,提出了农业科技体制机制改革的战略设想与重点政策建议,包括设立国家农业可持续发展研究与监管中心、国家农业和科技主管部门在农业科技创新领域中的职责和协调、农业科技创新的顶层设计、科技创新要落实到食物生产的发展等。全书分为两篇,共 11 章。上篇从国家未来食物需求的变化趋势出发,讨论了确保国家食物保障的重大需求及应对需求的科技发展规划;下篇则从满足重大需求的角度探讨国家农业科技体制机制改革的方向与内容。

本书可作为农业科技相关的研究人员、管理工作者的参考用书,也可作为农林经济管理专业、农学类专业学生的学习用书。

图书在版编目(CIP)数据

食物保障可持续发展的科技支撑战略研究/盖钧镒主编. —北京:科学出版社,2017.6
(国家食物安全可持续发展战略研究丛书:第五卷)
"十三五"国家重点出版物出版规划项目　中国工程院重大咨询项目
ISBN 978-7-03-053015-8

Ⅰ.①食… Ⅱ.①盖… Ⅲ.①粮食–生产–农业可持续发展–研究–中国　Ⅳ.①F326.11

中国版本图书馆 CIP 数据核字(2017)第 117597 号

责任编辑:马　俊　付　聪／责任校对:郑金红
责任印制:赵　博／封面设计:刘新新

科学出版社 出版
北京东黄城根北街 16 号
邮政编码:100717
http://www.sciencep.com

北京市金木堂数码科技有限公司印刷
科学出版社发行　各地新华书店经销
*

2017 年 6 月第 一 版　开本:787×1092 1/16
2025 年 4 月第二次印刷　印张:9 1/2
字数:225 000

定价:98.00 元
(如有印装质量问题,我社负责调换)

"国家食物安全可持续发展战略研究"项目组

顾 问

宋 健　周 济　沈国舫

组 长

旭日干

副组长

李家洋　刘 旭　盖钧镒　尹伟伦

成 员

邓秀新　傅廷栋　李 宁　孙宝国　李文华　罗锡文
范云六　戴景瑞　汪懋华　石玉林　王 浩　孟 伟
方智远　孙九林　唐启升　刘秀梵　陈君石　赵双联
张晓山　李 周　白玉良　贾敬敦　高中琪　王东阳

项目办公室

高中琪　王东阳　程广燕　郭燕枝　潘 刚　张文韬
王 波　刘晓龙　王 庆　郑召霞　鞠光伟　宝明涛

"食物保障可持续发展的科技支撑战略研究"课题组

组　长

盖钧镒　南京农业大学教授，院士

成　员

丁艳锋　南京农业大学副校长，教授
钟甫宁　南京农业大学钟山学者，特聘教授
朱　晶　南京农业大学经济管理学院院长，教授
俞建飞　南京农业大学科学研究院副院长
林光华　南京农业大学经济管理学院副院长，教授
赵晋铭　南京农业大学农学院副院长，副教授
展进涛　南京农业大学，副教授
姜爱良　南京农业大学科学研究院科长，博士

主要执笔人

俞建飞　展进涛　林光华　姜爱良　赵晋铭

丛 书 序

"手中有粮，心中不慌"。粮食作为特殊商品，其安全事关国运民生，维系经济发展和社会稳定，是国家安全的重要基础。对于我们这样一个人口大国，解决好十几亿人口的吃饭问题，始终是治国理政的头等大事。习近平总书记反复强调："保障粮食安全对中国来说是永恒的课题，任何时候都不能放松。历史经验告诉我们，一旦发生大饥荒，有钱也没用。解决 13 亿人吃饭问题，要坚持立足国内。"一国的粮食安全离不开正确的国家粮食安全战略，而正确的粮食安全战略源于对国情的深刻把握和世界发展大势的深刻洞悉。面对经济发展新常态，保障国家粮食安全面临着新挑战。

2013 年 4 月，中国工程院启动了"国家食物安全可持续发展战略研究"重大咨询项目。项目由第九届全国政协副主席、中国工程院原院长宋健院士，中国工程院院长周济院士，中国工程院原副院长沈国舫院士担任顾问，由时任中国工程院副院长旭日干院士担任组长，李家洋、刘旭、盖钧镒、尹伟伦院士担任副组长。项目设置了粮食作物、园艺作物、经济作物、养殖业、农产品加工与食品安全、农业资源与环境、科技支撑、粮食与食物生产方式转变 8 个课题。

项目在各课题研究成果基础上，系统分析了我国食物生产发展的成就及其基础支撑，深入研究了我国食物安全可持续发展面临的国内外情势，形成了我国食物安全可持续发展的五大基本判断：一是必须全程贯穿大食物观、全产业链和新绿色化三大发展要求，依托粮食主

区和种粮大县，充分发挥自然禀赋优势和市场决定性作用，进一步促进资源、环境和现代生产要素的优化配置，加快推进形成人口分布、食物生产布局与资源环境承载能力相适应的耕地空间开发格局；二是必须依靠科技进步，扩大生产经营规模，强化社会化服务，延长产业链条，让种粮者获得更多增值收益；三是必须推进高标准农田建设，以重大工程为抓手，确保食物综合生产能力稳步提升所需的投入要素和资源供给；四是必须采取进村入户的技术扩散应用方式，节水节肥节地、降本增效，控制生产及各环节的不当损耗，持续提高资源利用率和土地产出率，强化农业环境治理；五是必须坚定不移地实施"以我为主、立足国内、确保产能、适度进口、科技支撑"的国家粮食安全新战略，集中科技投入，打造高产稳产粮食生产区，确保口粮绝对安全、粮食基本自给；丘陵山地以收益为导向，调整粮经比例、种养结构，实现农村一、二、三产业融合发展。通过实行分类贸易调节手段，有效利用国外资源和国际市场调剂国内优质食物的供给。

基于以上基本判断，项目组提出了我国食物安全可持续发展战略的构想，即通过充分发挥光、温、水、土资源匹配的禀赋优势，科技置换要素投入的替代优势，农机、农艺专业协作的规模优势，食物后续加工升值的产业优势，资源综合利用和保育的循环优势，国内外两种资源、两个市场的调节优势等路径，推进食物安全可持续发展及农业生产方式转变。提出了八大发展思路，即实施粮食园艺产业布局区域再平衡、经济作物优势区稳健发展、农牧结合科技示范推广、农产品加工业技术提升、农业科技创新分层推进、机械化农业推进发展、农田生态系统恢复与重建、依据消费用途实施差别化贸易等。提出了十大工程建议，即高标准农田建设、中低产田改造、水利设施建设、旱作节水与水肥一体化科技、玉米优先增产、现代农产品加工提质、现代农资建设、农村水域污染治理、农业机械化拓展、农业信息化提升等。提出了 7 项措施建议：一是严守耕地和农业用水红线，编制粮食生产中长期规划；二是完善支持政策，强化对食物生产的支持和保护；三是创新经营方式，培育新型农业经营主体；四是加快农业科技创新，加大适用技术推广力度；五是加大对农业的财政投入和金融支持，提高资金使用效率；六是转变政府职能，明确公共服务的绩效和职责；七是完善法律法规标准，推进现代农业发展进程。

《国家食物安全可持续发展战略研究》是众多院士和多部门多学科专家教授、企业工程技术人员及政府管理者辛勤劳动和共同努力的结果，在此向他们表示衷心的感谢，特别感谢项目顾问组的指导。

希望本丛书的出版，对深刻认识新常态下我国食物安全形势的新特征，加强粮食生产能力建设，夯实永续保障粮食安全基础，保障农产品质量和食品安全，促进我国食物安全可持续发展战略转型，在农业发展方式转变等方面起到战略性的、积极的推动作用。

"国家食物安全可持续发展战略研究"项目组

2016 年 6 月 12 日

前　言

农业科技是我国食物保障和安全的重大战略着力点，也是我国粮食与食物行业发展方式转变、推动粮食与食物产业结构升级、促进粮食与食物可持续发展的重要支撑。改革开放38年来，我国农业科技事业在党和国家的各项重大决策和科技发展方针指引下，坚持"科学技术是第一生产力"，不断提高自主创新能力，取得了举世瞩目的巨大进步。我国农业科技整体发展水平已跻身发展中国家前列，并且一些重大科技成果已达到国际先进水平和领先水平，农业增长中农业科技进步的贡献率从27%提高到54.5%，农作物耕种收综合机械化水平达到57%；品种改良在农业增产中的作用至关重要，目前杂交玉米、杂交油菜、转基因抗虫棉和超级稻等一大批突破性科技成果的研发和推广应用，使主要农作物良种覆盖率达到96%，我国农业增产良种的贡献率达到43%以上，大大地提高了粮棉油等大宗农作物的生产能力，粮食总产量从6000亿斤*跃上了1.2万亿斤的台阶。畜禽品种改良和规模化养殖、名特优新水产品养殖技术的应用、重大动物疫病防控，使我国畜牧、水产养殖业的科技进步贡献率达到50%以上，肉类、禽蛋和水产品总产量跃居世界首位。农业科技发展为解决我国农产品供应短缺、国家食物保障与安全做出重大贡献，并且有利于推动农业结构调整、实现农业和农村经济持续稳定发展。

实施创新驱动发展战略，增强自主创新能力，破除科技创新的体制机制障碍，将是我国促进农业可持续发展全局的重大战略抉择。进入农业战略性结构调整时期以来，我国食物保障的国际环境和国内形

---

* 1 斤=0.5kg，下同。

势发生了深刻变化,主要表现为:①国际市场的资源和价格压力持续向国内市场传递,国际粮食市场的不确定性加大、国际市场调剂的空间十分有限,增添了宏观农业政策调控的难度;②城乡建设和资源环境条件恶化,陆地可耕种面积下行压力巨大;③水资源缺乏矛盾进一步激化,由节水栽培引起的土壤次生盐碱化及设施栽培引起的塑料等残留物增加,土地质量持续下降;④气象突发性灾害频发、各种生物性灾害的危害随种植强度而加大;⑤农业劳动力流失严重,农业生产及经营方式正发生深层次变革。因此,全面梳理和评估我国食物保障的重大科技需求,分析现行科技体制中制约农业科技重大创新和协同创新的关键因素,对我国实现重大农业科技创新的农业科技体制改革方向与思路进行顶层设计,无疑对制定科技支撑我国未来食物保障可持续发展战略具有重大战略意义。

  在人口增长而耕地有限的条件下,食物保障只有依靠科技创新的支撑。国家必须保障人民有充足的食物。食物是指由碳水化合物、脂肪、蛋白质、纤维素、维生素等组成的加工、半加工或未经加工的可供人类食用的物质。食物可以是植物、动物或者微生物,包括粮食、蔬果和肉、蛋、奶、鱼等;粮食是植物类主食,包括谷物、薯类和豆类,其中谷物又包括稻谷、小麦、玉米、高粱、谷子、大麦、黑麦、燕麦及其他禾本科杂粮。粮食只是人类食物的一部分,历史上中国人以植物类食物为主,蛋白质营养主要来自大豆,与西方以肉食为主要蛋白质营养来源的食物结构不同。加上我国过去经济发展滞后,城乡居民收入偏低,食物消费中粮食偏多,因此,一直以来我国贯彻"以粮为纲"的农业政策,将粮食作为食物发展的大部或全部。然而,时至21世纪,我国小康社会必须保障的应是足够的食物营养,不能仅仅局限在谷物的保障,手里端的饭碗中必须有饭和菜肴,不能仅仅是一碗米饭。

  首先,"食物""粮食"与"饲料"应该加以区分,避免混淆导致误解。饲料是指生产肉、蛋、奶、鱼等动物性产品的饲用粮和饲用草。人类的需求应区分于畜禽的需求,不能将"饲料"涵盖在"粮食"概念之中。饲料的供给有更广泛的来源,包括玉米、豆粕、牧草等,在土地资源有限时要尽量减免与粮争地、与人争粮。因此,在讨论未来食物保障的过程中，有必要将粮食与饲料分而论之，进而食物的概念应不限于粮食。其次，"保障"和"安全"是不同的概念，应予区分。食物保障是指确保所有人既买得到又买得起所需要食物的供给，食物安全则指食品无毒、无害，对人体健康不造成任何急性、亚急性或者慢性危害。显然，食物保障涵盖了粮食保障和饲料保障两个不同的部分。因此，本研究用食物保障涵盖粮食保障，用粮食保障代替习称的"粮食安全"并涵盖习惯上的谷物保障（谷物保障涵盖不了食物保障）。我国的食物生产几乎涉及全部耕地和土地资源乃至海洋资源的利用问题，因此我国的食物保障实际上涉及全国农产品的保障问题，包括粮油、蔬、果、糖等，而不仅仅是传统谷物的范畴。

政策是食物保障的杠杆，食物保障的关键在于科技创新的支撑。农业科技创新是我国食物保障可持续性的基础和推动力，是食物行业发展方式转变、推动食物产业结构升级、促进食物保障可持续发展的重要支撑。国家历来重视农业科技创新对食物可持续供给的基础支撑作用，历年中央一号文件也多次提及加强农业科技创新保障食物供给能力，特别是 2012 年再次明确我国实现农业持续稳定发展、长期确保农产品有效供给，根本出路在科技支撑。稳定的食物保障原则上应以充分并可持续利用我国 18 亿亩*耕地、60 亿亩草原，以及江、河、湖泊和海洋资源为主体，辅之以国际市场的调节。在目前国际存在霸权的条件下，国际市场可利用但不可依靠，必须有清醒的认识。进入农业战略性结构调整时期以来，我国食物生产的国际环境和国内形势发生了深刻的变化。国际市场的资源和价格压力持续向国内市场传递，国际粮食市场的不确定性加大、国际市场调剂的空间十分有限，我国应以国内可持续食物生产的发展应对国际市场的万变。国内经济发展和城镇化进程的加快导致食物需求数量的增长和结构升级；以耕地存量下降、水资源短缺、劳动力成本上升为主的资源约束不断凸显，极端气候导致农业生产的不确定性增加，短视下的违反科学的资源滥用仍未扼制，这些对农业可持续发展的严峻挑战不容忽视。加强关于我国食物可持续发展中面临的重大科技需求及其体制机制支撑的战略研究，推动食物生产技术持续创新、支撑食物生产持续发展，是我国食物保障的必由之路。

---

* 1 亩≈0.0667hm^2，下同。

目 录

丛书序
前言
摘要 ··· 1

上篇　国家食物保障的重大科技需求研究

第 1 章　中国食物需求增长及食物结构转变 ································ 9
  1.1　人口规模持续增长，促进了食物刚需消费的总量性累积增加 ······ 9
  1.2　食物消费结构转变，推动了畜禽产品消费的结构性累积增加 ····· 12
  1.3　养殖业的快速发展加大了饲料粮和牧草的需求 ························ 15

第 2 章　农业供给侧结构调整背景下中国食物保障能力估计 ········· 17
  2.1　农村人口老龄化对种植业生产的影响 ···································· 17
  2.2　粮食内部结构调整的贡献及潜力分析 ···································· 24
  2.3　18 亿亩耕地食物保障能力的估计 ··· 28
  2.4　60 亿亩草地牧草供给能力的估计 ··· 29

第 3 章　中国食物保障面临的问题和战略方向 ····························· 30
  3.1　解决种植业农产品供需矛盾的关键在于科技创新 ····················· 30
  3.2　正确认识食物保障和农业劳动力成本之间的关系 ····················· 37
  3.3　支撑中国食物保障的农业科技创新的总体方向 ························ 46

第4章 世界主要国家农业及农业科技发展的新趋势·················· 48
    4.1 世界农业发展的新动向和新趋势·························· 48
    4.2 各国农业科技创新的战略计划与重点······················ 51

第5章 非耕地资源替代耕地资源的重大科技需求·················· 56
    5.1 海洋资源可持续生产的重大科技问题······················ 56
    5.2 滩涂资源开发利用的重大科技问题························ 58
    5.3 草原可持续饲用牧草生产的重大科技问题·················· 59
    5.4 沙漠边缘地带蚕食开发策略的重大科技问题················ 60

第6章 耕地资源可持续利用的重大科技需求······················ 62
    6.1 破解提高耕地效益的重大科技需求························ 62
    6.2 破解资源约束型农业科技难题提高耕地利用效率的重大
        科技需求·· 66
    6.3 破解非生物逆境干扰食物生产可持续性的重大科技需求····· 68

第7章 应对重大科技需求的科技发展规划························ 70
    7.1 国家种植业产品供需和产业布局的动态监测与调控研究
        规划·· 70
    7.2 全世界农作物基因资源的搜集、解析及重要基因的发掘
        与研究规划·· 71
    7.3 我国农区光温资源有效利用的合理生态结构研究规划········ 71
    7.4 我国作物生产和研究的机械化、电气化、自动化、信息
        化设施设备的研究规划···································· 72
    7.5 我国农作物秸秆和废弃物利用技术的研究规划············· 73
    7.6 我国海洋饲料资源的发掘与产业发展研究规划·············· 73
    7.7 我国草原修复、拓展和饲料牧草产业发展研究规划········· 73
    7.8 我国滩涂资源开发利用与沙漠治理研究规划················ 74

下篇　支撑重大农业科技发展的体制机制研究

第8章 我国农业科技体制改革历程与现状························ 77
    8.1 我国农业科研体系改革历程······························ 77

  8.2 我国农业技术推广体系改革历程……81
  8.3 我国农业科技体制机制改革的进展……88

第9章 影响农业科技支撑作用的体制机制障碍……91
  9.1 农业科技管理体制不协调……91
  9.2 科研项目分配和管理机制不科学……93
  9.3 科技评价机制不合理……94
  9.4 农技推广体系缺乏效率……96
  9.5 区域地方性农业产业技术创新体系尚未形成……98

第10章 国际农业科技体制借鉴……100
  10.1 日本农业科技体制特点……100
  10.2 韩国农业科技体制特点……103
  10.3 美国农业科技体制特点……106
  10.4 欧盟部分国家农业科技体制特点……108
  10.5 主要经验及对我国的启示……111

第11章 强化农业科技支撑作用的体制机制改革建议……116
  11.1 充分认识农业科技的定位……116
  11.2 强化农业科技支撑作用要处理好"五个关系"……117
  11.3 抓住重点领域改革农业科技体制机制……118

主要参考文献……126

摘　　要

本书在释明食物保障概念并区分食粮和饲料粮的基础上，对我国耕地和非耕地资源未来农产品供给能力做了估计，提出我国食物保障耕地是瓶颈，良地应优先保障食粮，饲料可统筹耕地、草原和海洋资源。为实现可持续的食物保障，必须研究耕地资源扩展、改良与替代的科学技术、现有耕地资源可持续高效利用的科学技术，以及非生物逆境应对的科学技术，并做相应研究计划的顶层设计。科技创新要落实在食物生产的可持续发展，因而强调重大农业科技创新与常规产业技术改进互动的科技发展战略。解答食物保障所需的科技难题需要高瞻远瞩的设计、组织、监管和推动，涉及国家科技发展的体制和机制必须改革。本书从支撑国家重大农业科技发展角度提出了农业科技体制机制改革的战略设想与重点政策建议，包括设立国家农业可持续发展研究与监管中心，国家农业和科技主管部门在农业科技创新领域中的职责和协调，农业科技创新的顶层设计，科技创新要落实到食物生产的发展等。

本书认为我国食物保障的第一瓶颈是耕地。从源头上分析，食物保障涉及耕地资源的扩展、改良与替代、耕地资源的高效可持续利用及非生物逆境应对等方面的科学技术出路。

（1）用非耕地资源替代或扩展耕地资源的科技需求。我国食物保障的首要环节是耕地，寻求突破耕地资源的科技发展是关键。饲料和口粮有矛盾时，良地首先要满足口粮的需求。因而要探索用非耕地资源替换耕地资源用于饲料生产的前瞻性农业科技，这分别涉及海洋资源饲料可持续生产的前瞻性科技需求、草原可持续饲用牧草生产的前瞻性科技需求，沙漠边缘地带蚕食开发策略的前瞻性科技需求，以及滩涂资源开发利用的前瞻性科技需求。尤其滩涂资源开发后不仅可以用于增加饲料生产，熟化后还可用以扩展作物生产。用非耕地资源替代或扩展耕地资源的策略带有根本性，需要有科技支撑的谋划和相应持续的研究投入。

（2）破解资源约束型农业科技难题、提高耕地利用效率的重大科技需求。我国突出的问题主要涉及：①农业区域中低产田治理技术的重大需求，包括水分管理与利用方式的水利工程与技术措施、有机和无机肥料培肥土壤、作物平衡施肥技术；②西北旱区水资源利用与节水技术的重大需求，包括节水灌溉技术、旱作农业技术；③南方丘陵山区坡地利用技术的重大需求，包括丘陵坡地水土流失控制技术、集约

利用坡地技术、丘陵山区小型机械化技术等。

(3) 增加耕地产出、提高可持续利用效益的重大科技需求。提高现有18亿亩耕地资源可持续利用的效率是破解我国食物保障难题的主题，这里归纳出以下六方面的重大科技需求。①选育突破性品种，发展种业的科技需求，包括农作物种质资源搜集、保护、鉴定、评价、利用和重要功能基因发掘，培育品质、抗性、适应性、耐密性、适宜机械作业等综合性状优良的突破性新品种。②有效合理利用耕地资源优化作物布局、间套作复种制度的科技需求，包括选育适合间套作的高产品种，优化间套作复合群体结构，研究间套作的施肥技术，研发间套作的播种、管理和收获机械，研究间套作条件下的病虫草害发生规律及防治措施。③作物生长监测调控，实现品种潜力的科技需求，包括农业生产知识库构建技术、植物环境因素监测控制技术、植物生长发育模拟模型技术、作物病虫害智能诊断技术、作物灌溉智能计划技术、农业专家系统构建技术、土壤信息智能分析技术、作物墒情苗情动态监测预警技术等。④作物病虫害检测治理，实现品种潜力的科技需求，包括病虫害持续治理的前沿科技与共性技术；解决迁飞性、流行性、暴发性及新发病虫的防控关键技术与集成应用；利用物联网、互联网技术，构建数字化监测预警平台，实现病虫害远程诊断、实时监测、早期预警和应急防治指挥调度的网络化管理；强化重大病虫应急防控的分类指导等。⑤推进农机产业和现代化发展的科技需求，包括耕、种、管、收和贮各个环节的机械化，大平原区域的大型机械化，平原地区的中型机械化，平原水网区域的小型机械化，丘陵山区的小型机械化，设施农业的小型机电化，间套作移栽的机械化等科技问题。⑥农业副产物循环利用的科技问题，包括面广量大的秸秆处理技术、大宗副产物的微生物处理技术、秸秆纤维素等糖类资源利用微生物本身及其有益的发酵产物作饲料添加剂技术等。

(4) 应对非生物逆境干扰食物生产可持续性的重大科技需求。我国突出的问题主要涉及：①应对气象灾害的科技需求问题，包括农业灾害的监测技术、重大自然灾害的预警技术；②应对土壤污染的科技需求问题，包括降低、分解土壤污染物的技术，高效低毒农药、化肥及替代的生物防治技术等。

此外，农业科技需求问题的解决应进行全局的顶层设计和长远谋划，要有预见性地纳入国家经济发展大局计划，形成稳定健全的破解重大农业科技问题的长效机制。因此，针对以上重大科技需求，实现农业科技支撑食物保障可持续发展的国家总体目标，建议考虑制订重大科技优先发展规划。

本书认为以上重大科技需求涉及许多带有根本性的难题，突破需要时间和投入，

生产不等人，可以先考虑现有农业技术的改造、升级，满足产业发展的现时需求，以此作为重大农业科技创新的缓冲期。同时作物生产涉及土壤、作物品种、生物与非生物环境等多方面因素的综合调控，一个因素的突破需要多方面因素的互动，尤其还涉及不同地理生态区域的特异性，因而一种农业科技的创新，相应地要形成各区域新的技术常态，重大农业科技创新要和新条件下产业技术模式的常规化相互推动。上升到理念，我国食物保障的科技支撑要力求突破前瞻性源技术及其相应的源科学，与此同时必须将它们转换为常规性技术体系，直接应用于生产的改进与提高。相应于前瞻性科学技术创新和区域性常规技术的改进，国家和省行政部门应组织好创新性科学与技术和区域性产业技术两大研发体系。

首先，国家食物保障最根本的科技需求是全国各地农业科技转型升级的需求，区域性常规技术的转型升级是食物保障可持续全面发展的关键。要构建完善的从中央到地方的农业产业技术体系，与国家公益性农业技术推广体系相对接，加强常态应用性生产技术的适时组装与更新，满足持续发展的农业科技需求，我国2007年开始建立现代农业产业技术体系，是一项创举，但力量仍显不足。因此，有必要建立健全中央和地方分工、互补的农业产业技术研发组装体系，突出农业的区域性特征，注重农艺与农机相结合，注重农艺与病虫害防治相结合，形成从种到收的规范化技术组合模式，定期、持续更新技术组合，实现农业技术进步对农业生产的实时驱动。在这个过程中，要改造原有的推广站体系使之与地方产业技术体系相衔接，保证农业生产技术的持续更新。

其次，围绕食物保障可持续发展的关键问题，满足全国性、区域性、产业性和环节性的前瞻重大科技需求，包括涉农源科学、源技术的需求（参见上文的重大科技需求）。创新性农业科学与技术的探索和突破是产业技术更新的源泉，要按产业组织相应的学科群体系分头攻关。技术突破的创新与探索是持续性的，不宜看作短期行为，要组织中央与省农业科学院和高等学校的科技力量开展这种中长期的创新与探索。

实施重大农业科技前瞻性创新与常规产业技术改进互动的科技发展战略可以兼顾近期和长远的食物保障对科技支撑的需求。农业科学和技术的创新是以基础科学知识的创新为依据，植根于生物学、物理学和化学的科学发现，所以农业科学和技术创新的上层研究人员必须与基础科学的研究保持跟踪与衔接。高等院校具有较广、较深的基础科学知识和平台，具有基础性研究的优势，要鼓励高等院校和农业产业技术研究院所的紧密结合，使农业产业技术的水平建立在现代基础科学之上。

最后，前瞻性重大科技难题的破解和常规性科技持续转型升级，必须要有谋划和推动。近期我国农业发展因为缺乏谋划和推动导致严重影响社会经济发展的教训是深刻的。例如，改革开放后我国制造业和第三产业的发展推动了农村劳动力向城镇大量转移，农业生产必须以机械化来支持这种转移；随着农作物产量的提高，秸秆和农业废弃物相应大幅度增加，农村燃料又大量转向煤和气，结果是收获季节全国大范围燃烧秸秆，既浪费了光合产物又导致了环境的严重污染。改革开放已经38年，这两个问题的发现也至少有20年，漫长的时间内还没有作为难题组织攻关去解决它，从科技方面看，我国至少有科技主管部门和农业主管部门两个部门有责任管理这件事。这个事实说明农业科技需求问题的解决应有全局的顶层设计、长远谋划和持续监督，要有预见性地纳入国家经济发展大局计划，形成稳定健全的破解重大农业科技问题的长效机制。实现这个理想，必须要从农业科技体制和机制的改革上着眼，要建立健全能支撑国家重大农业科技发展的体制和机制。

因此，本书提出以下几个重点建议。

（1）设立国家农业可持续发展研究与监管机构。作为全国农业和食物生产的组织者，必须有专门的机构和成员系统研究每年、短期和中长期农业和食物生产的布局和调控。作为常设机构，密切掌握国家农业产业全方位的动态，根据国内外农业产业动态，每年提出农业产业结构布局的建议和相应的政策建议，就全国食物保障（安全）的可持续发展为中央领导提供咨询，其中包括全国农业发展的合理布局、跟踪国内外食物生产的动态调整策略、农业科技发展的重大支撑咨询等一系列问题，综观全国农业可持续发展的大局。农业作为国民经济的基础，农民占全国人口的一半以上，为"三农"建一个持之以恒、综观全国农业持续发展的机构是合适的。进一步的建议是扩大建设农业部，在"三农"的全局上总管国家农业的可持续发展，这样可将国家农业可持续发展研究与监管机构设在农业部。各省应在省政府或农业厅设有相应机构。

（2）国家农业主管部门应承担产业应用技术并转化为生产力的责任，而国家科技主管部门应为农业源技术、源科学创新奠定基础。农业科学技术涉及三个层面：农业应用技术、农业应用技术的源技术与源科学、基础性科学。国家农业主管部门要切实担起农业产业技术转型、升级、创新和农业应用源技术与源科学创新的责任，通过技术推广体系转化成生产力；国家科技主管部门要为农业源技术、源科学创新奠定高技术、高科技的基础。能深入细致了解产业动态和技术需求的还是产业部门，非产业部门往往不能深入实际、深入细微，解决不了涉及全国农户（企）紧迫的食

物保障的科技支撑问题。农业主管部门拥有最大规模的行政和技术力量，要利用其对各省区、各地域农业生产掌握第一手认知的优势，组织好相应地区常规产业技术改进和重大农业科技前瞻性创新互动的设计和实施，适时适地不断形成、落实技术的新常态。要由农业主管部门组织耕地资源可持续利用的重大科技需求项目的规划、论证与组织实施。农业主管部门联合其他相关部委和省份组织非耕地资源利用策略重大科技项目的规划、论证与组织实施。农业主管部门负责重大科技需求必需的科技规划项目编制、论证并与其他相关部委联合作为国家重大专项组织实施。当前农业机械和秸秆处理的问题应立攻关专项，限期解决。农业科技基础性的生物学、物理学、化学的共性研究，应由国家科技主管部门或国家自然科学基金委员会组织和管理，要为农业源技术、源科学创新奠定高技术、高科技的基础。

（3）农业科技研究要以产业发展需求为首要目标，建立健全两大科技研究体系：产业技术研究与组装体系和前瞻性源技术源科学研究体系。要不计官级，全国统归农业主管部门、省统归农业厅管理，以保证服务于产业发展的导向。省建立产业技术体系服务于省农业产业技术的研发，国家建立产业技术体系服务于全国和区域性农业技术的创新。省农业科学院要和农业大学联合，重点研发前瞻性的源技术和涉农源科学，国家级农业科学院、农业部重点实验室和农业大学相结合，重点研发全国性、区域性的源技术和涉农源科学。整合地区农业科研机构和农业技术推广体系资源，统筹建立地区性农业产业技术体系。为了满足常规性的农业科技组装更新需求，探索公益性农业技术推广机构改革，要重新界定地区农业科研机构的作用边界，将地区农业科研机构与基层农业技术推广体系的资源进行系统整合，建立地区性农业产业技术体系，服务于地方农业产业发展。

（4）完善农业科研投入机制，建立长期稳定的科技资助体系。加快建立以政府为主导、社会力量广泛参与的多元化农业科研投入体系，形成稳定的投入增长机制。科学基金制：适合自由探索式研究；稳定性支持：有助于对服务地区应用科技的持续发展做长远安排。要探索建立符合科研规律、有序竞争与相对稳定支持相结合的经费资助机制，提高稳定资助比例，基础研究可以更多地倾向于实行自由竞争的资助方式，应用研究方面应该偏向于围绕产业问题，实行长期稳定资助。产业技术研究和组装体系应由国家或省的专项经费支持；前瞻性源技术、涉农源科学研究体系应以拨款为主，辅以自由基金竞争。

（5）引导中国农业科学院、高等农业院校和中国科学院有关研究所发掘提炼农业科技支撑的高技术、高科技命题，用以推动我国农业科技的跨越发展。要引导中

国农业科学院、高等农业院校和中国科学院有关研究所熟悉全国农业生产,不断发掘、提炼农业科技创新的新方向、新问题,上升到基础科学层面上研究与农业科学有关的高技术、高科技命题。农业科学涉及多方面的基础学科,不仅仅是生物学科,农业现代化涉及的机械化、自动化、信息化、集约化与化学学科、物理学科等密切相关。要根据中国的国情、农情利用高技术、高科技新成果推动我国农业科技跨域发展。

上 篇
国家食物保障的重大科技需求研究

随着城乡居民收入快速增长和城镇化战略的不断推进,我国食物消费结构将快速升级,人均直接食用的口粮和蔬菜数量将略有减少;人均油脂消费虽然目前还处于快速增长阶段,但增长速度将放慢;动物性蛋白质(肉、蛋、奶等)人均消费将快速增长。从消费结构来看,肉、蛋、奶、水产品和油脂消费,将会替代部分传统主食及薯类副食,从而推动我国人均口粮和蔬菜消费回落。饲料用粮、畜产品和水产品等需求持续快速增长,全国口粮和蔬菜需求趋于稳定。虽然食物消费结构升级推动了农产品消费增长,但值得注意的是,现阶段推动农产品消费增长的首要因素仍然是人口增长。

总体来看,我国未来食物保障的着力点在于饲料粮和主要动物源产品的供给保障,而口粮的保障关键在于饲料用粮与口粮之间的土地之争。

第1章 中国食物需求增长及食物结构转变

1.1 人口规模持续增长，促进了食物刚需消费的总量性累积增加

我国人口总量居世界之首，约为世界总人口的1/5。制定准确、高效的粮食保障策略是稳定中国社会的重中之重。粮食需求预测是我国制定粮食保障战略的重要基础。

1. 标准人粮食消费的确定

粮食需求总量的变化幅度取决于标准人消费水平和按标准消费权数计算的有效消费总人口增长的幅度。由于无论人们的收入水平增长多快，其食品消费总量是受生理条件限制的，因此本研究拟根据中国营养学会（2008）制定的《中国居民膳食指南（2007）》（以下简称《指南》）的最新营养标准作为一个标准成人的食物用粮数量。《指南》提供了每人每天摄入的食物品种和摄入量，并以膳食宝塔的形式分为5层（中国营养学会，2008）。本研究主要考虑粮食消费的变化，因此只考察与食用粮食消费有关的食物品种。其中将畜产品等的消费量根据各自的料肉比转化为粮食消费量*。

《指南》膳食宝塔中建议的食物摄入量有上下限之分。例如，建议谷物每日摄入量取值范围为250~400g，相差150g。如果以14亿人口计算的话，则谷物作为口粮消费的总量预测将相差0.77亿t/a。根据一个标准人的定义，以最高消费量作为标准摄入水平，因此研究取各食物建议摄入值的上限作为一个标准人消费量。即一个标准人日谷物消费400g，豆类消费50g，肉类消费75g，蛋类消费50g，奶类消费300g，水产品消费100g。根据各类食品的料肉比（胡小平

---

* 一个标准人的粮食消费总量计算公式为

$$sct = \sum \alpha_j f_j$$

式中，sct 表示一个标准人的粮食消费总量，α_j 表示第 j 种食品的料肉比，f_j 表示第 j 种食品的建议摄入量。

和郭晓慧，2010），最后计算的一个标准人的日粮食需求总量为 1053g，约 384.35kg/a。

本研究主要从人口结构的角度对中国未来的粮食需求做分析，故在未来粮食消费估计时，假定标准人消费情况不变（虽然地区、季节性导致食品消费结构发生变化，但暂不考虑这些因素变化的影响），通过对未来中国人口结构进行模拟，观察未来中国粮食需求的波动趋势，以期对未来的食物保障政策提供指导。

根据人口预测，未来中国人口总量最高将达到 14.57 亿，且老龄化程度将进一步加深。从预测结果来看，我国粮食消费总量在 2010~2050 年整体上呈现先上升然后持续下降的趋势。如果不考虑人口结构变化，我国人口总量增幅于2030年达到峰值，增长幅度为 7.87%。然而，如果按照将所有人都转化为可计算的标准人之后，标准消费人口总量将于 2030 年之前达到峰值，增长幅度略小于实际人口增长率，增幅最高为 6.26%。人口结构的变化不仅仅表现在按标准人计算的总人口增长速度的放缓，还表现在其对未来的粮食总量消费预测估计上。从估计结果可以看到，如果没有人口结构的变化及其影响，我国未来粮食消费量将在 2030 年达到 65 872.90 万 t 的最高峰；如果考虑人口结构变化的影响，我国未来粮食消费量最高峰将出现在 2025 年，且最高消费量为 64 822.92 万 t。

从这里可以看到两种差异：一个是消费高峰时间上的差异，即加入人口结构变化的因素以后粮食消费高峰出现较早；另一个是最高消费量之间的差额，即加入人口结构变化因素以后粮食消费总量减少约 1050 万 t，相当于我国进口大豆总量的 1/5。进一步观察两种方法计算的粮食消费总量的差额可以看到，2040~2050 年预测值相差最高达 2834.43 万 t，最少的为 2493.43 万 t。这个数额约占我国现在粮食消费总量水平的 5%。也就是说，未来我国人口结构的变化将减少目前 5% 的实际粮食总需求。

2. 人口和粮食需求总量的预测

对不同的人群而言，其粮食需求不仅仅取决于年龄构成，个人的饮食习惯及食物的消费结构差异也会对最终的粮食需求产生影响。简单地采用分年龄人口实际消费粮食的做法，可能会因不同年龄人口的食物消费构成差异（如素食主义者消费的肉类少，其最终的粮食需求量很可能低于以肉食为主的人群）造成更多的

问题和混乱,加上我国未来人口结构本身也会发生巨大的调整。这就使得以现有的膳食构成来分析未来人口构成对粮食需求的影响,变得难以理解。这里,我们以一个标准成年人需要的热量为基础,根据我国居民标准膳食结构表,来测量一个标准成年人在既定的热量需求下的最终粮食需求。这样做不仅仅消除了因收入及饮食习惯的改变带来的膳食结构调整对我国需求的影响,同时也能够专注于考虑人口年龄构成对我国未来粮食需求的影响,而不受膳食结构调整带来的预测干扰。

在过去的粮食需求预测中,人们往往关注收入、价格等经济因素,忽略了因人口构成(年龄和性别)下的生理需求对粮食需求的影响。如果一个国家正在进行高速的经济发展,同时也发生着快速的人口结构调整,则两项正向作用很可能迅速推高该国家粮食的需求总量。因此,本研究对目前现有的粮食预警系统做了进一步的完善,同时对我国未来的粮食需求分析进行了尝试。本研究通过引进标准人消费的概念,将人口结构变化导致的粮食需求变动引入到实际测量模型之中。研究结果显示如下。

(1)从人口预测的结果来看,未来 2010~2050 年我国的人口总量将在 2030 年达到峰值,约为 14.57 亿人,随后出现下降,同时我国的老龄化程度会进一步加强。社会总的抚养比会从 2009 年的 36.68%上升到 2050 年的 68.92%。总人口的增长幅度在 2030 年达到峰值,同 2010 年相比增长 7.87%。如果不考虑不同年龄性别人口消费差异的话,我国 2030 年的粮食消费总量将比 2010 年增加 7.87%,随后出现下降,并于 2050 年恢复到 2010 年左右的粮食消费水平。

如果考虑人口结构变化的影响,我国粮食消费总量将提前 5 年左右达到峰值,即 2025 年的需求量最高,但峰值的绝对量低于没有人口结构变化的情况,即比 2010 年的消费总量只高 6.26%,但比没有人口结构变化时的峰值低 1050 万 t。2040 年以后人口结构变化的影响更为显著,每年粮食消费总量大体减少 2500 万 t。

(2)无论采用何种计算方法我国未来的粮食消费总量最高都可能达到 6.5 亿 t 左右。如果没有人口结构变化的作用,中国未来的粮食消费总量最高将达到 65 872.90 万 t;但如果人口结构变化发生影响,最高消费量将只有 64 822.92 万 t,两者的差额接近 1050 万 t。

总结来看,随着老龄化的加剧,未来中国粮食需求的增长幅度很可能要小于人口的增长幅度;相应地,粮食总需求量的预测值不仅较低,而且差距逐渐加大。虽然从总量上看,我国未来的粮食保障压力仍然很大,但是从全球的角度来看,未来

世界粮食保障更应该关注那些人口增长速度快，且人口构成向中青年型转变的国家。但随着中国全面放开"二孩"政策，人口高峰可能会滞后，总量也会有所变化，因此需要对人口结构的变化有一个准确清醒的判断。本研究在后文将采纳中国工程院课题组的最大预测量进行分析。

1.2 食物消费结构转变，推动了畜禽产品消费的结构性累积增加

食物消费结构升级是未来推动我国农产品消费增长最主要的动力。从食物消费结构升级看，目前我国农产品消费已经发生了一些改变，这种结构变化的根源在于我国工业化和城镇化进程加快，农产品市场化发展、农产品市场价格和人均收入的增加。但这种由食物消费结构的升级带来的食物需求的增长往往不具有稳定性，并且增长弹性较大，不同产品之间存在替代关系。部分农产品需求出现峰值，加工食品、营养和附加值高的食品将进一步替代初级食品，农产品消费的范围不断拓宽，农产品质量要求和精细加工水平不断提高，农产品浪费增加，总体需求快速增长。

1. 我国城乡居民收入持续稳定增长

近年来，我国城乡居民收入呈现稳定增长态势。2014年，我国城镇居民人均总收入29 381.0元。其中，城镇居民人均可支配入28 843.9元。按城镇居民五等分收入分组，低收入组人均可支配收入11 219.3元，中等偏下收入组人均可支配收入19 650.5元，中等收入组人均可支配收入26 650.6元，中等偏上收入组人均可支配收入35 631.2元，高收入组人均可支配收入61 615.0元。2014年我国农村居民人均纯收入10 488.9元。按农村居民五等分收入分组，低收入组人均纯收入2768.1元，中等偏下收入组人均纯收入6604.4元，中等收入组人均纯收入9503.9元，中等偏上收入组人均纯收入13 449.2元，高收入组人均纯收入23 947.4元。收入增长能够有效提高国民营养摄取量，特别是畜禽产品的消费。总体表现是，随着人均收入的提高，主要营养素从总量上看是有递增趋势的，从动物性食物和植物性食物构成的蛋白质与脂肪的来源看，植物性蛋白质和动物性蛋白质摄入量具呈

增加状态，但动物性蛋白质食物的增速高于植物性蛋白质食物，从脂肪的来源构成看也呈现相同的态势（表 1.1）。根据联合国粮食及农业组织发布的食物平衡表数据，2009 年，中国人均每日摄入食物的能量为 3036 大卡*，蛋白质为 93.8g，脂肪为 96.1g，食物营养水平与目前欧美先行国家仍有较大差异，但已经接近或相当于日本和韩国的水平。

表 1.1 中国居民营养摄入情况

年份	人均 GDP（以 2000 年为基准）/美元	蛋白质/g	脂肪/g	热量/cal[①]	植物性蛋白质/g	动物性蛋白质/g	植物性脂肪/g	动物性脂肪/g
1969~1971	118.0	45.6	24.2	1819.7	39.9	5.7	14.1	10.2
1979~1981	185.0	53.9	33.8	2150.7	46.5	7.5	18.7	15.1
1990~1992	430.0	69.5	57.9	2678.3	53.8	15.7	28.7	29.2
1995~1997	716.3	81.0	71.9	2838.3	56.2	24.7	31.2	40.8
1999~2001	950.7	85.3	80.5	2899.7	56.1	29.2	32.7	47.8
2002~2004	1212.7	86.9	83.9	2923.7	55.8	31.1	33.8	50.1
2005~2007	1625.0	89.1	89.8	2972.7	55.5	33.6	36.7	53.1

数据来源：根据联合国粮食及农业组织（FAO）数据库整理而得。
① 1 cal=4.1868J

2. 农村城镇化发展战略稳步推进

国际经验表明，一个国家的工业化水平和城镇化水平应当相适应。但从 20 世纪 50 年代开始，我国为加快工业化的积累，采取了城乡分割、严格控制农村人口进城的政策，使得农村城镇化水平严重滞后于工业化水平。与世界同等收入水平的发展中国家相比，目前我国的城镇化水平仍低 10%左右，与发达国家相比则低 20%左右。城镇化的滞后影响了第三产业的发展和就业岗位的增加，抑制了消费需求特别是农村消费需求和基础设施建设投资需求的增长，给国民经济发展带来一系列负面影响。

随着国家推进农村城镇化发展战略，"城镇化"已经成了很多地方经济持续上扬的符号，并持续"包围"农村，农民逐渐市民化。从图 1.1 和图 1.2 显示的消费数量和相关消费支出的数据可见，城镇居民和农村居民的消费结构存在较为显著的差异。城镇居民对畜禽产品及制品、水产品等非粮食物的数量和支出要远

* 1 大卡=4.1868kJ，下同。

高于农村居民。预计我国 2050 年城镇化率将达到 70%左右（图 1.3），因此，农民市民化势必将带来食物消费结构的转变，粮食消费将会转变为畜产品及其制品的消费。

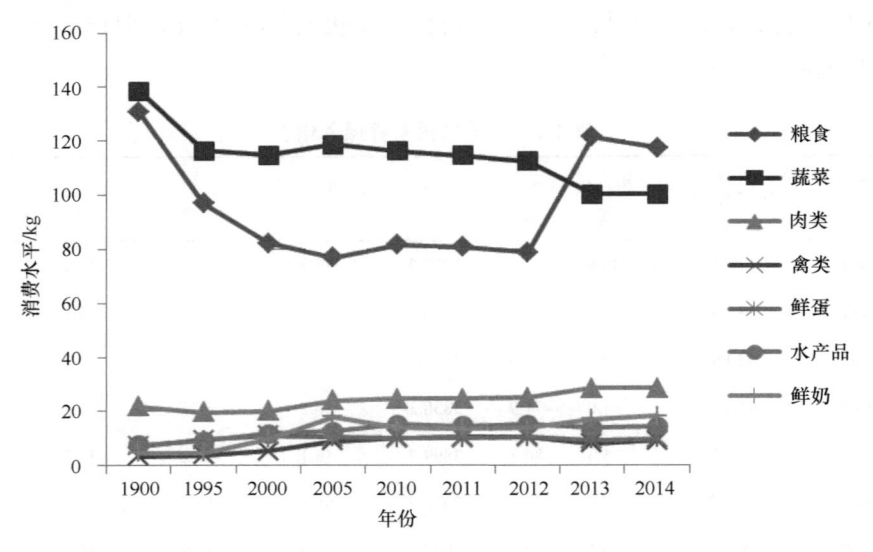

图 1.1 我国城镇居民各类食物消费水平的变化趋势（彩图见末页二维码）
数据来源：国家统计局，2015

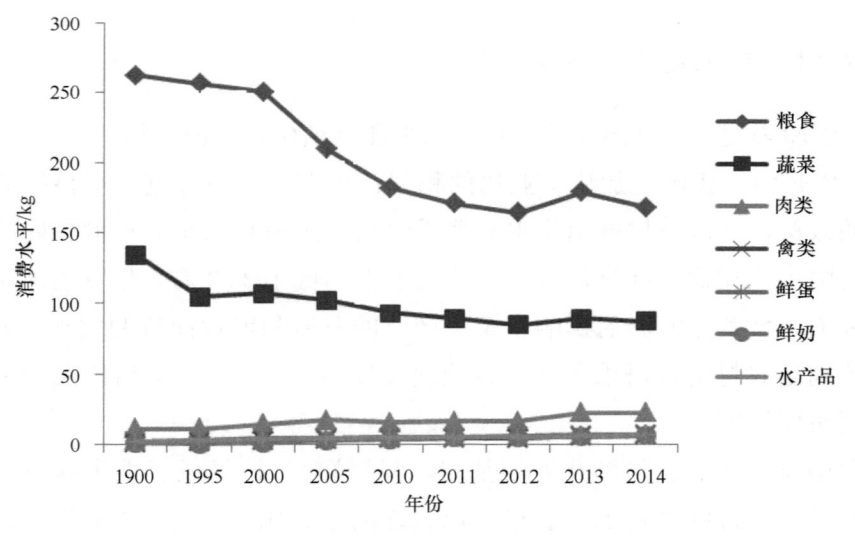

图 1.2 我国农村居民各类食物消费水平的变化趋势（彩图见末页二维码）
数据来源：国家统计局，2015

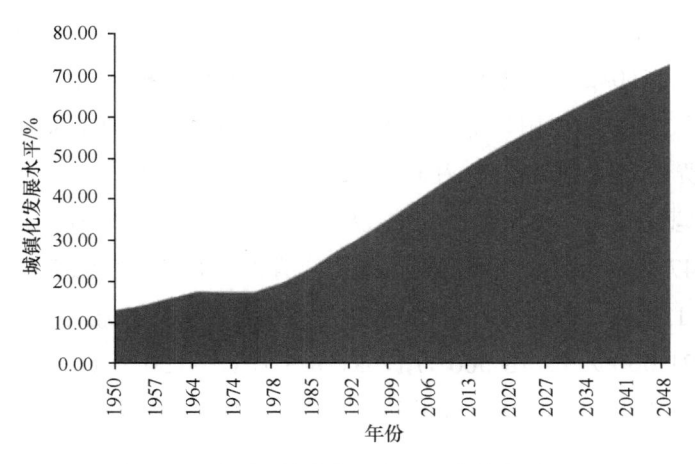

图 1.3 我国城镇化发展水平及其趋势预测
数据来源：联合国经济和社会事务部人口部门

1.3 养殖业的快速发展加大了饲料粮和牧草的需求

要满足不断增长的畜产品和水产品的消费需求，中国的养殖业必将保持较快的发展速度，市场对饲料粮和牧草的需求也必将显著增长。未来 20 年，饲料粮需求将会增长 60%左右，牧草的需求增长速度将更快，国内饲料粮生产和牧草供给都将无法满足养殖业发展的需要（黄季焜，2013）。

总体来看，至 2030 年，我国主要食物消费和农业生产发展仍将处于增长阶段，农产品消费增长较供给更快，食物消费结构将进一步升级，饲料粮增长速度较口粮快，农产品供求总体上是偏紧的，部分产品存在较大缺口。具体地说，根据中国工程院课题组的预测，到 2020 年和 2030 年，中国粮食需求总量将先后达到 72 500 万 t 和 82 500 万 t，其中 57.8%和 58.5%用作饲料粮，到 2020 年主要食物营养水平开始进入富裕阶段。

（1）粮食需求要纳入到总体食物需求以致整个消费需求的全局中进行系统分析，现阶段我国已经解决了温饱问题，正向小康水平转变，因此各类食物人均消费快速增长，直接口粮消费呈下降趋势，但其他食物（动物性食物、油、糖和水果等）消费需求呈现出快速增长趋势，这反映了中国人民膳食质量和营养水平的迅速改善。这种改善仍然是以粮食作为主要的基础物质。

（2）据测算，2013～2030 年全国粮食消费年均增速为 1.5%，与 2003～2013 年

年均2.7%的增速相比，低了近一半，由此预测2020年、2030年人均粮食消费量将分别增至510kg、550kg，粮食需求重心将由口粮转向饲料粮，其中小麦、水稻需求量变化不大，玉米、大豆（豆粕）需求量将大幅增长。据模型模拟结果显示，到2020年，我国粮食总消费量将达到72 500万t，与2013年相比，增长13.7%，人均粮食消费量达到510kg，其中水稻、小麦、玉米、大豆消费量分别为20 306万t、12 780万t、25 000万t、8747万t。到2030年，我国粮食总消费量将增长为82 500万t，与2020年相比，增长了13.8%，人均粮食消费量增至550kg，其中水稻、小麦、玉米、大豆消费量分别为21 000万t、13 500万t、31 745万t、9750万t。2013～2030年粮食消费增长主要来自玉米和大豆，玉米和大豆消费增量分别占粮食消费增量的71.7%和12.6%。

（3）从消费用途分析，到2020年我国饲料用粮将达到41 890万t，超过口粮消费，占总粮食消费的57.8%；预计到2030年我国饲料用粮将增至48 230万t，占粮食消费比例将进一步提高，达到58.5%。按照现有中等养殖规模饲料报酬率测算，2020年、2030年我国人均饲料粮消费量将分别增长为295kg、322kg，占粮食总消费量的比例分别为57.8%、58.5%。饲料粮消费增长以玉米为主，玉米占饲料粮消费增量的90%左右。居民口粮消费相对稳定，2020年、2030年人均口粮消费量分别为145kg、140kg。

（4）到2020年，中国人的膳食营养结构将可能进入一个新的发展阶段，接近亚洲发达国家和发达地区的膳食营养结构和水平：人均每日供给热能基本维持在2600大卡，人均每日供给蛋白质80g，其中优质蛋白质接近50%，人均每日供给脂肪78g，动物性脂肪占35%。到2030年，人均肉类消费量基本稳定，禽肉和牛羊肉比例将继续有所提高。水产品消费量和奶类消费量将继续有所增长。这些动物性食品饲料报酬率明显高于猪肉。同时，现有先进技术的推广和管理工作的改善，又可以提高畜禽出栏率、出肉率。中国大陆人均粮食消费量可以接近日本和中国台湾地区的水平。

第 2 章　农业供给侧结构调整背景下中国食物保障能力估计

2.1　农村人口老龄化对种植业生产的影响

农村人口老龄化导致农业劳动力体力和人力资本下降，考虑到不同作物对劳动者体力与人力资本约束条件的不同，老龄化对不同作物的影响程度可能有所不同。本书从农户采取集体决策和机械替代劳动的视角，通过两步实证，结果表明，对于集体决策和机械化程度高的小麦作物，老龄化对小麦的种植决策及种植决策实施的结果（单产）均没有影响，而对于集体决策程度高但机械化程度低的棉花作物，老龄化对作物种植面积决策具有负向作用，但对其他要素投入决策甚至种植决策实施结果均没有显著影响。可以进一步推论，随着作物集体决策与机械化程度在作物间由高到低的变化，老龄化对作物的影响呈由完全没有影响到部分有影响再到有显著影响的阶梯变化。

第六次人口普查结果显示，60 岁及以上人口占总人口的 13.26%，65 岁及以上人口占总人口的 8.87%。以中青年为主的劳动力流动使得农村人口老龄化程度更加严重。2009 年，我国农村 60 岁及以上人口占总人口的 14.81%，65 岁及以上人口占总人口的 9.89%。农村人口老龄化使得农业劳动力趋于老龄化（李旻和赵连阁，2009），表现为老年人农业生产参与率的提高（庞丽华等，2003；白南生等，2007；吴海盛，2008）和老年人参与农业生产时间的增加（李琴和宋月萍，2009）。农业劳动力老龄化是学界对我国农业生产担忧的一个重要原因。

大部分研究认为：老龄劳动力生理机能下降、体力差会导致有效农业劳动投入不足。尤其强调老龄劳动力学习能力差、受教育程度低、思想僵化，不利于农业生产新技术、新作业方式的应用，从而对农业产出产生负作用（李旻和赵连阁，2009；陈锡文，2010；郭熙保和赵光南，2010）。但有些研究表明，农业生产中存在机械对劳动的替代和集体决策形式。机械对劳动的替代使得外出务工带来的农业劳动力老龄化目前并未使水稻生产力出现明显下降（钱文荣和郑黎义，2010）。农业机械的广

泛使用使得农业对劳动者体能的要求有所降低。我国小规模农户生产存在某种形式的集体决策，这种集体决策表现为一定区域内农户连片种植同一种作物、使用同一种技术措施（杨志武，2010）。一定区域农业生产的趋同性和可模仿性并不需要每个经营者都具备很高的人力资本。

老龄人口从事农业生产的弱势确实存在，但机械替代和农业生产集体决策可以降低对劳动者体力与人力资本的要求。老龄化对农业生产的影响及影响的程度取决于机械替代劳动程度和农业生产集体决策程度。因不同作物的机械化发展程度不同、不同作物的集体决策程度不同，那么，在我国现实农业生产条件下，老龄化对不同作物生产的影响程度是否将有所不同？对作物生产的影响将具体体现在何处？关于这方面还缺乏系统的实证研究。

本书以我国农作物实际生产条件为基础，以农户进行农业生产的自然过程为主线，重点比较老龄劳动力与年轻劳动力在不同农作物生产过程中种植决策的行为差异及反映在最终产量上的农户实施种植决策的结果差异。本研究以小麦和棉花两种作物为例进行研究，不仅因为小麦是我国三大主要粮食作物之一，棉花在经济作物中占有非常重要的地位，更重要的是小麦和棉花具有明显的生产特点。小麦是我国机械化程度最高的作物，且具有生产环节简单的特点，对劳动者体力与人力资本要求较低。棉花机械化程度低且具有生产环节相对复杂的特点，对劳动者体力与人力资本要求较高。对这两种具有代表性作物的研究，为进一步推论老龄化与种植业生产间的关系打好基础，深化经营者个人素质对作物生产作用途径的认识。

2.1.1 分析框架

很多学者在研究老龄化对农业生产的影响时，强调经营者体力与人力资本在农业生产中的重要性，具体体现为经营者本人的生产决策能力和田间作业能力。这种推论的基础是作物的生产决策过程及田间作业过程基本依赖经营者本人完成。而现实生产中，农业生产条件已经发生巨大变化，对经营者本人的体力与人力资本要求也随之改变。

经营者的生产决策能力和田间作业能力在大田农业生产中具体体现为：①做出生产决策的能力，包括作物种类、种植面积和要素投入种类、使用时间及使用量的决策，更多体现了对经营者人力资本的要求；②田间作业的实施能力，包括耕地、播种、施肥、打药、除草、收割等生产环节作业，更多体现了对经营者体力方面的

要求。可见，完整的农业生产过程需要对经营者体力与人力资本两方面有一定的要求。如果作物生产需要经营者独立决策并完成大田作业，经营者本人的体力与人力资本在农业生产中就具有决定作用；反之，如果农户可以轻易地追随邻居的决策，并且通过"外包"方式获得大田作业的机械服务，经营者体力与人力资本的重要性就大大下降。因此，农村劳动力老龄化是否显著影响农业生产，取决于农业生产的实际决策过程和大田作业方式。

1. 经营者的生产决策能力与集体决策

已有研究表明，我国小规模农户在大田生产中通常连片种植同一种作物、使用同一种技术措施，事实上存在某种形式的集体决策，其原因可能在于：作物生产外部性（杨志武，2010）、传统习惯（蔡立旺，2004；李更生，2007）、市场因素、特定种植条件或政府强制推行的结果，或者农户间存在从众决策的现象（李岳云等，1999）。无论具体原因是什么，都说明在我国小规模农户生产中农户并非完全独立决策，采取随大众的生产决策是一种理性选择。因此，农业生产中对劳动者决策能力的要求一定程度上取决于集体决策的程度，而集体决策程度除了受上述外部因素影响外，还取决于该作物生产技术的可模仿性。

小麦是重要的口粮作物，尤其是在粮食主产区，我国小规模农户连片种植小麦，几乎没有替代作物。小麦的生产环节简单，施肥、打药等使用种类及用量方面技术更新较慢，农户可以凭借自我积累经验或者邻居间的相互交流模仿充分应对。棉花作为一种经济作物，替代作物较多，其生产环节比较复杂，尤其对虫害的防治，一般经历5~6代棉铃虫的防治。在实际生产中，对农药的使用量及使用种类，农户可以凭经验或向周围邻居模仿学习来完成。可见，在实际的农业生产中，一定区域内农户连片种植是普遍现象，这为农户间相互模仿交流提供了方便，而一般农业生产技术的可模仿性都比较强，这就大大降低甚至完全抵消了对劳动者人力资本方面的要求。小麦生产环节简单且技术的可模仿性强，而棉花虽然生产环节相对复杂但技术的可模仿性比较强，对劳动者人力资本方面的要求大大降低，甚至有可能完全抵消。

2. 经营者的田间作业能力与农业机械化

近些年，农业机械化在我国得到了长足的发展。在大田作物的实际生产中，几

乎全部过程（小麦）或者劳动强度大的关键环节都实现了机械化，且当青壮年男性劳动力非农就业时间增加时，农户将更倾向于依赖农机"外包"服务而非持有小型农机（纪月清，2010）；农业机械化的发展大大地降低了对劳动者体能的要求。钱文荣和郑黎义（2010）研究发现，由于农业机械的推广，外出务工带来的农业劳动力老龄化目前并未使水稻生产力出现明显下降。李澜和李阳（2009）发现尽管农业劳动人口老龄化问题随着农业劳动力的不断转移而日趋突出，但许多发达国家和地区在资本、技术及职业化农业劳动者的支撑下，老龄化对于农业劳动生产率的影响较小。张永丽（2009）也认为农业机械技术的推广和使用，特别是播种、收割等环节机械使用程度逐渐提高，一方面降低了农业生产的辛苦程度，减少了农业生产对劳动力的需求；另一方面使老人和妇女等辅助劳动力可以完成农业生产的其他环节，而他们对农业的热爱程度和身心投入程度远远胜过新一代农民。据美国农业部最新调查数据显示，美国 200 万农业人口的平均年龄已经达到 55 岁，农业机械化让他们的体力足够应付农场里的各种工作。这说明在农业生产中，机械对劳动具有较强的替代作用，机械化可以大大地降低甚至完全抵消对劳动者体力方面的约束。

在我国种植业中，小麦生产的机械化水平最高，农机跨区作业最早就是从小麦开始的。这与小麦适于发展机械化作业有关。1995 年，小麦机械化播种和收获面积分别达到 1658.0 万 hm^2 和 1362.1 万 hm^2，机械化程度分别达到 58%和 47%；2005 年，小麦的机播和机收水平达到 80%；2007 年，小麦生产基本实现了全程机械化。我国棉花种植历史悠久，如今种植区域主要集中在新疆、黄河及长江流域三大主要产棉区。除新疆生产建设兵团外，我国棉花总体机械化水平低，处于刚刚起步阶段。长江流域棉花种植几乎还处于全人工阶段，机播、机收等机械化水平极低，仅湖南有 2.23%的机收水平，其余省份的机收水平几乎为零。黄河中下游流域棉区只有部分省份实现了较大比例的机播，河北、山西、陕西、山东等地的机播水平为 34%～97%，其余省份均在 1%以下；只有山西有 1.71%的机收水平，其他省份几乎为零（裴新民等，2011）。可见，棉花总体机械化发展水平低需要劳动者投入大量劳动，但同时，又由于棉花的各生产环节对体力要求不高，如掰棉花茬、摘棉花等老人也可以完成。从我国一些主要作物的劳动用工及亩均收益情况可见：从体力方面看，小麦亩均劳动用工量只有 5.81 个工作日，是三大主要粮食作物中所需劳动用工量最低的。棉花的亩均劳动用量为 21.8 个工作日，相对于其他经济作物而言劳动用工量相对较少。

综上所述，由于现实农业生产中存在集体决策与机械在农业生产环节中的应用，减弱了体力与人力资本在农业生产中的作用，老龄劳动力对农业生产的不利影响弱

化。而这种弱化的程度还取决于集体决策程度与机械替代劳动程度。反映在具体作物上，取决于该作物的生产是否具有较强的可模仿性、机械对作物生产环节的替代程度及未实现机械化的生产环节对劳动者的体力要求强度。根据我国农业生产的现实条件，大田粮食作物和大部分经济作物集体化程度高，生产技术容易模仿，即使老年人也可以充分掌握。而对于技术更新快、生产技术非常复杂的作物，老年人的弱势可能成为不可忽视的障碍。

而本书研究的小麦和棉花两种作物，老年人可以完全掌握其生产技术。另外，大田粮食作物生产机械对劳动替代程度高，而经济作物生产机械化程度普遍较低，生产环节相对较多。相对于小麦，棉花对劳动者的体力有一定的要求，需要投入较多的体力劳动。在我国农业平均收益低及农村劳动力雇佣市场还不十分完善的情况下，靠人工完成的环节基本都是由农户家庭成员完成的。因此，棉花对体力方面的约束很可能会影响到农户的种植决策。

由此，可以提出需要验证的假设。假说一：对于生产环节简单、需要较少人工劳动投入的小麦，集体决策和机械"外包"服务有可能完全抵消老龄劳动力与年轻劳动力体力和人力资本的差异在农业生产上的影响。即老龄劳动力与年轻劳动力在小麦生产决策上及作物单产水平上均没有差异。假说二：对于生产技术较易模仿但需要较多人工劳动投入的棉花，集体决策和机械"外包"服务很大程度上抵消了老龄劳动力与年轻劳动力体力和人力资本的差异在农业生产上的影响，但可能不能完全抵消老龄化对棉花作物的影响。具体而言，老龄劳动力与年轻劳动力在作物生产决策上的差异可能表现为：棉花各要素投入等生产决策上可能没有差异，种植面积上可能会存在差异，但可能并不影响作物单产水平。

上述假设可以分别分两步进行检验：①老年和青年农民在小麦和棉花作物的生产决策是否具有明显差别；②老年和青年农民在作物决策的实施结果（单位面积产量）上是否具有明显区别。前者考察体力和人力资本对作物生产的影响途径，后者考察影响结果。无论哪一阶段出现明显差别，都可能推翻假设，即当前的集体决策和农机"外包"服务尚不足以完全抵消体力和人力资本的差异，反过来，如果两阶段都不出现明显差异，则表明现阶段的老龄化对作物生产没有明显影响。

2.1.2 人口老龄化对作物生产决策的影响

本部分内容要验证的逻辑是：因农业人口老龄化，老年人成为重要的农业生产

力量，人们担心老年人种田不如年轻人。而完整的农业生产过程是由农户作出种植决策和种植决策的具体实施组成，具体包括农户对作物种植面积、主要要素投入使用的决策及通过田间作业完成生产决策，并最终反映在作物的产量上。通过比较老龄劳动力与年轻劳动力在这些方面的差异，从而得出老龄化对作物生产是否存在影响的结论。

农业生产以家庭为单位，在考察老年户与青年户的差别时应当排除既有老年人也有青年人的家庭。国际上或者学术界比较公认的是以60岁作为划分老年人口的分界线，但目前国内关于参加农业生产的劳动人口老龄化的年龄界限还没有比较统一的标准。按照多数学者的做法，从从事农业生产的家庭里选择只有60岁及以上人口的家庭和只有60岁以下人口的家庭作为老年农户与年轻农户的代表。根据前人的文献，影响作物播种面积选择和农业生产要素投入的因素除了劳动力年龄，还有要素价格、农产品价格、土地禀赋、非农劳动力数和农业劳动力数等因素。

从分析结果来看，老年农户在小麦的种植面积比例决策上与年轻农户没有显著差异，而棉花种植面积比例要低于年轻农户。这说明，老年农户做决策时考虑到自身体力及可利用资源的情况，决定少种植耗费体力的作物。其他变量实证结果基本符合理论预期：棉花上年价格对下年相应种植面积比例具有正向作用，但小麦价格对小麦种植比例的影响不显著，可能小麦是主要粮食作物，种植比例高且担负着口粮的功能，因而小麦主产区价格对种植面积的影响不是很大。要素价格（化肥价格、农药价格和柴油价格）一般对作物种植比例起负向作用。总耕地面积对小麦种植面积比例具有显著负向作用，因为农户满足口粮作物基本面积后，总面积进一步增大往往导致多样化种植，结果反而减少了粮食种植比例。同理，总耕地面积对棉花具有显著正向作用。一般来说，家庭农业劳动力数越多越倾向于种植劳动密集型作物，家庭农业劳动力数对棉花种植比例具有正向作用。相应的，非农劳动力数越多，农户越倾向于种植资本密集型作物，而减少劳动密集型作物的种植。

老龄化对作物主要要素投入决策的影响。在小麦和棉花两种作物的化肥、农药、机械及劳动投入上，老年农户并不显著少于年轻农户。小麦和棉花价格对相应作物主要要素投入具有正向作用，而要素自身价格对相应要素投入量具有负向作用。总耕地面积对主要要素使用量具有显著负向作用。家庭农业劳动力数对劳动投入具有正向作用，而对机械投入作用不显著。而非农劳动力数对化肥、农药和机械等要素

使用量具有一定的促进作用，说明存在资金对劳动的替代。

2.1.3 老龄化对作物单产影响的实证分析

如果劳动效率相同，老年农户在两种作物单产上应当不低于年轻农户，而劳动效率可通过劳动投入与农户类型的交互项来考察。首先采用常用的柯布道格拉斯生产函数比较老年农户与年轻农户在作物单产上是否存在差异，接着进行老龄化对作物单产影响的稳健性检验。

基于柯布道格拉斯生产函数检验。从小麦和棉花两种作物单产的回归结果来看，老年农户与年轻农户在小麦和棉花单产上均没有显著差异；在小麦和棉花的田间作业中，老年农户的劳动效率与年轻农户的劳动效率没有显著差异，其他要素投入对作物单产基本具有正向作用，与理论预期相符。

老龄化对作物单产影响的稳健性检验。用放宽假设条件的超越对数生产函数形式检验老年农户与年轻农户在作物单产上是否存在差异，各变量对单产的作用方向与用柯布道格拉斯生产函数的结果基本一致，通过两种生产函数的相互印证使得研究结论更加可靠。

2.1.4 人口老龄化对农业生产影响的总体评估

（1）对于生产环节简单、机械化程度高的小麦生产，老龄劳动力的体力与人力资本方面的约束将完全被抵消，具体表现为老年农户的小麦种植面积比例与年轻农户没有显著差异。老龄农户在化肥、农药、机械和劳动用工量等 4 种主要投入要素的投入量上并不比年轻农户的少。

（2）对于生产环节相对复杂、机械化程度低的棉花作物，老龄劳动力的体力与人力资本方面的约束没有完全被抵消，而且更多体现在体力约束上，具体表现为老年农户的棉花种植面积比例显著少于年轻农户。虽然老龄劳动力会选择少种植棉花，但并不减少单位面积的要素投入，老龄农户在化肥、农药、机械和劳动用工量等 4 种主要投入要素的投入量上并不比年轻农户的少。

（3）用柯布道格拉斯生产函数和超越对数生产函数对小麦和棉花单产的实证结果具有一致性，老年农户的单产并不比年轻农户低，且老年农户与年轻农户的劳动

效率也没有表现出明显差异。可以推测，当作物生产对经营者体力的要求更强时，老年人体力方面的弱势很可能不仅使其减少对该作物的播种面积，甚至会减少要素投入及影响最终单产。当然，如果作物不仅增强了对劳动者体力方面的要求，而且增强了对劳动者人力资本方面的需求，老龄化对该作物的影响将更加严重，甚至老龄劳动力选择完全不种植该作物。进一步地，当作物集体化程度和机械程度都很高时，老龄化对该作物的种植决策及单产并无不利影响。而当作物集体化程度或者机械化程度不高时，老龄化对该作物的种植决策及单产等负向影响很可能会表现出来。也就是，老龄化对作物生产的影响将随着该作物对经营者体力与人力资本方面要求的增强而逐渐明显。

（4）政策涵义：农业生产老龄化将是我国未来一段时间内必须面对的现实问题。老龄化对作物生产是否存在影响取决于该作物对经营者的体力与人力资本的要求程度。我国现代农业生产技术和农业生产组织方式已经大大地降低了个人体力和人力资本对农业生产的约束，进一步松弛老龄劳动力对作物生产的约束是努力方向，具体可以从技术进步、农业组织形式及社会化服务等角度进行。

2.2　粮食内部结构调整的贡献及潜力分析

2015年，我国粮食实现历史性"十二连增"，连续9年产量超过万亿斤，成为自改革开放以来国内粮食总供给水平最高的时期。鉴于我国人多地少、人均水土资源严重匮乏等现实约束，实现粮食"十二连增"无疑是非常巨大且了不起的成就。科技进步、政策扶持、投入加大、气候条件有利等因素为我国粮食持续增产创造了良好的条件（丁声俊，2012；叶贞琴，2013）。不过，也有另外一个因素同样值得引起我们的关注。尽管粮食"连增"受"人努力、天帮忙"等一系列因素的支撑，但粮食产量的增长本质上是单产提升和播种面积扩大共同作用的结果（吴敬学，2012；王济民和肖洪波，2013）。从理论上讲，如果把粮食生产看作一个整体，则其增产的来源主要是通过总播种面积增加和粮食平均单产提高这两条路径来实现。而实际上，后者的实现路径也有两条：一是各粮食作物自身单产水平的提高；二是各粮食作物内部种植结构比例的变化，即利用不同粮食作物平均单产水平存在的差异，通过高产作物对低产作物的种植替代，也可以在各粮食作物自身单产水平不变的情况下实现粮食总体加权平均单产的提高。因此，除去粮食总

播种面积增长和各作物自身单产提高对粮食增产的贡献以外，粮食作物内部的种植结构调整也是促进我国粮食增产的不可忽视的重要因素（表2.1）。以2003～2012年的"九连增"为例，可以看出"九连增"期间结构调整的贡献率多数年份均超过了10%，9年的平均贡献率达到2.6%，其中2007年和2009年分别高达54.9%和67.1%。考虑到这两年里粮食作物的单产水平实际上出现了一定程度的下滑，各作物自身单产变化对粮食增产的贡献为负，若非结构调整对粮食增产的正向作用，粮食增产的效果势必大打折扣。

表2.1 "九连增"期间我国粮食结构调整的贡献率测算——全国（2003～2012年）（%）

时间	粮食产量增长率	播种面积增长率	播种面积贡献率	加权平均单产增长率	加权平均单产贡献率	各作物单产增长率	各作物单产贡献率	结构调整增长率	结构调整贡献率
2004年3月	9.0	2.2	24.5	6.6	75.5	5.7	63.1	1.1	12.4
2005年4月	3.1	2.6	84.9	0.5	15.1	0.3	10.1	0.2	5.0
2006年5月	2.9	0.7	22.5	2.2	77.5	1.0	33.7	1.3	43.8
2007年6月	0.7	0.6	90.6	0.1	9.4	−0.3	−45.5	0.4	54.9
2008年7月	5.4	1.1	20.2	4.3	79.8	4.5	82.8	−0.2	−3.0
2009年8月	0.4	2.1	514.6	−1.6	−414.6	−1.9	−481.7	0.3	67.1
2010年9月	3.0	0.8	27.7	2.1	72.3	1.6	52.2	0.6	20.1
2011年10月	4.5	0.6	14.0	3.9	86.0	3.4	74.6	0.5	11.4
2012年11月	3.2	0.6	19.5	2.6	80.5	1.9	58.4	0.7	22.1
各年平均	3.6	1.3	90.9	2.3	9.0	1.8	−16.9	0.5	26.0
2012/2003年整体	36.9	11.9	32.3	14.7	67.7	19.3	52.4	5.6	15.3

注："各年平均"为2004～2012年以上一年为基期的每年的增长率和贡献率的年度平均值；"2012/2003年整体"则是以2003年为基期、2012年为报告期计算的九年整体增长率和贡献率

如果将"九连增"期间的增产看作一个整体，2003～2012年粮食产量增长率为36.9%，其中播种面积、各作物单产和结构调整各自推动粮食增产11.9%、19.3%和5.6%，对粮食产量增长的贡献率分别为32.3%、52.4%和15.3%。在部分年份，如2006年和2012年，结构调整对粮食增产的贡献率显著高于播种面积的贡献率。也就是说，粮食作物内部种植结构调整、高产作物对低产作物的种植替代，对粮食产量的增加作用甚至可以比增加种植面积的作用还大。结构调整无疑是"九连增"期间推动我国粮食产量增长的一个重要途径。

2003～2012年，粮食作物内部种植结构调整主要体现为玉米对小麦、大豆及其他粮食作物的替代。玉米播种面积不断增加的主要原因是玉米每亩相对净收益逐年

走高。2004~2012年，玉米与大豆的相对单产由2.82倍提高至3.13倍，增加31%，相对比价由41%上升至52%，上涨10.9%，总收益增长了将近50%；尽管玉米与小麦的相对单产基本保持不变，但相对价格却上升了23.9%，总收益的增长大体相同。2003~2012年的"九连增"期间相对单产和相对比价的变化对玉米有利，玉米亩均相对净收益呈不断上涨态势。考虑到三种作物之间存在一定的直接争地关系，玉米亩均相对净收益的上升将引导农户扩大玉米的播种面积而缩减小麦及大豆的播种面积。同时，小麦相对稳定的市场容量及大豆大量进口为玉米播种面积的扩大创造了条件。一方面，最近十几年来，我国小麦的年消费量基本稳定在1.1亿~1.2亿t，年均增长率仅为0.2%，远低于玉米（2.6%）、大豆（9.5%）的年均消费增长速度；另一方面，小麦单产提升十分迅速，在2003~2012年的"九连增"期间年均增长2.7%，是主要粮食作物中单产提升最快的作物。需求数量的相对稳定及单产的快速增长，使得小麦的"耗地"程度持续下降，为扩大玉米播种面积腾出了更多的空间。相比于玉米，大豆更加"耗地"，1亩玉米产量相当于3亩大豆播种面积的产量，近年来我国大量进口大豆和豆油，每年进口量相当于节约国内播种面积约5亿亩（马晓河和黄蓓，2012），利用进口满足国内的大豆需求也为玉米播种面积的迅速增长提供了可能。

  鉴于稻谷在我国粮食保障中的特殊重要性及其用途相对单一的特点，未来稻谷的生产可能不会有太大的变化，试图通过结构调整继续促进粮食增产的主要途径仍将以调增玉米播种面积为主。尽管短期内由于大豆、小麦与玉米的相对收益差距仍呈扩大态势，不能排除依然存在用高产的玉米进一步替代低产的大豆和小麦、通过结构调整挖掘"单产差"来增加粮食产量的可能，但从中长期来看，随着结构调整的不断深化，未来进一步调整粮食作物结构将面临着一定的挑战。首先，从我国粮食整体的供需形势来看，结构调整在推动粮食总产增长的同时也加剧了我国粮食作物供需结构不平衡的矛盾。高产的玉米替代低产的大豆虽然有利于更好地满足国内快速上涨的饲料用粮需求，维持较高的谷物自给水平；但同时也进一步加大了油料作物特别是大豆国内供应自我保障的难度。随着东北等大豆主产区大豆种植面积的大幅下调，过去9年国内大豆播种面积已经减少3200万亩，减幅达到23%，目前我国大豆自给率已经下降到了18%左右，进口大豆数量已超过国产大豆产量的4倍，大量进口给国内大豆生产和大豆相关产业的发展带来了严峻的挑战（倪洪兴，2010）。首先，由于目前所剩的大豆种植面积仅相当于玉米播种面积的约20%，今后进一步挤压大豆播种面积的余地也将会越来越有限。其次，

从替代作物单产差的变化趋势来看，尽管目前玉米与小麦在单产上仍存在20%左右的差距（玉米每亩单产高出小麦64kg），但两者之间的相对差距总体而言呈现出下降的态势。1998年至今，小麦亩产提高了87.3kg，增长约35.5%；玉米亩产则只上升了45.8kg，增长率仅为13%。如果未来这种趋势延续，那么挖掘"单产差"的空间将被不断压缩，即使继续调增玉米、调减小麦，结构调整促进粮食产量增长的作用也势必会减小。再次，从与国际粮食市场的联系及形势变化来看，国际市场贸易环境的变化及国际与国内粮价相互传导，也为进一步的粮食作物结构调整增添了不确定性。一方面，目前我国已经成为全球最大的大豆进口国，进口数量占到全球大豆贸易总量的60%以上，对国际市场的高依赖度意味着国际市场波动和不确定性对国内大豆市场的高度传导，对国内大豆市场的供应稳定和价格平稳造成了一定压力，而国内玉米替代大豆的进一步结构调整将使得这种压力更为加剧；另一方面，从部分高产作物，如玉米的国际市场价格趋势来看，玉米国际市场价格将有可能逆势下行，尽管近两年受旱灾等因素的影响，全球第一大玉米出口国——美国的出口总量急剧下降，但同期的世界玉米的总交易量并未明显减少。预计未来随着美国玉米产量的恢复，世界玉米的总供应能力将显著增强。国际市场价格变化无疑将对国内市场形成价格传导，改变玉米与其替代作物生产的相对收益，进而影响农户的玉米种植决策。最后，从国内粮食生产的资源消耗角度来看，由于粮食生产需要密集消耗水土资源，故全国范围内的粮食种植结构调整不可避免地将受到区域水土资源条件的影响。目前我国粮食增产和结构调整主要发生在东北、华北等北方地区，这些地区同时也是全国水资源短缺最为严重的区域，农业用水缺口占到全国农业缺水总量的80%以上（刘江和杜鹰，2010）。过去12年，北方地区稻谷等高产耗水粮食作物播种面积和比例提高、小麦等低产耐旱作物种植面积和比例下降，尽管相对"节省"了耕地，推动粮食总产更高速度地增长，但同时也进一步加剧了水资源短缺的矛盾。因此，未来严峻的水资源形势，势必也将一定程度上制约我国粮食作物内部高产但高耗水作物对低产但低耗水作物种植替代的空间。综合考虑以上因素，由于相对收益等因素的影响，不能排除国内仍有一定的通过高产作物替代低产作物的空间，但从长远来看结构调整空间将会越来越有限。鉴于耕地和水资源的稀缺性及粮食作物与其他作物不可避免的争地、争水替代性，今后粮食可持续增产的重点一定是在粮食总体的单产提高。目前国内各粮食作物之间的单产差距很大，且与高产国家相比尚有较大的差距，未来应该以低产作物为重点突破口提高全国粮食单产水平。

2.3 18亿亩耕地食物保障能力的估计

20世纪80年代末期以来,一些研究机构利用不同的方法估算了我国未来粮食的生产潜力,认为我国的粮食生产尚有足够的发展空间(表2.2)。综合这些成果,比较乐观的估计是2020年和2030年粮食总产量可能达到6.75亿t和7.34亿t;比较保守的估计是6.25亿t和6.77亿t。研究者对于2020~2030年我国能否满足自己的粮食消费需求存在不同的观点:乐观的估计是,如果最大限度挖掘自身粮食生产潜力,2020~2030年我国粮食产量能够满足本国人均420~450kg的消费需求;但保守观点认为,消费水平提高到435~470kg,会导致2020~2030年我国粮食生产与消费需求间存有少量缺口,尤其是耕地资源的急剧减少会成为潜在威胁。然而,根据中国工程院课题组的预测,2020年、2030年人均粮食消费量将分别增至510kg、550kg,粮食需求重心将由口粮转向饲料粮,其中小麦、水稻需求量变化不大,玉米、大豆(豆粕)需求量将大幅增长。

表2.2 我国未来人口发展的粮食生产能力预测

预测方法	粮食生产能力/亿t 2020年	2030年	备注
农业生态区法		6.77	中国农业资源综合生产能力与人口承载力课题组(见陈百明,2000:72)
投入占用产出分析	6.25 6.75	6.85 7.25	中国科学院国情分析小组(陈百明,2000)
趋势预测	6.60	7.34	中国农业发展战略研究组(卢良恕,2003)
乐观估计	6.75	7.34	综合推断结果
保守估计	6.25	6.77	

然而,人民生活必需品不仅是粮食,还有棉、油、菜、果、糖、特、茶、麻、饲等各种农作物,因此,18亿亩耕地的产出总能力,尽管粮食部分估计较为乐观,可能达到7.34亿t,但扣除各种经济作物的种植面积,18亿亩耕地的食物保障能力仍然面临饲料粮持续增长的挑战。假定到2030年,我国耕地复种指数约为130%,种植业种植总面积将达到23.7亿亩,其中,口粮占用6.0亿~7.0亿亩,大豆为1.5亿亩,蔬菜为4.5亿亩,油料(花生、油菜籽)为2.2亿亩,果园为2.0亿亩,棉花为0.7亿亩,糖料为0.3亿亩,特用作物(如橡胶等)为0.15亿亩(刘振伟,2004;韩俊,2004;李哲敏,2007;赵其国和黄季焜,2012;唐华俊,

2014)。剩余 5.35 亿～6.35 亿亩用于种植饲用粮草，远不能满足日益增长的养畜、养殖业发展的需求。

2.4　60 亿亩草地牧草供给能力的估计

草地资源生态环境逐步改善才能保障畜产品潜力稳步提高。我国是一个草地资源大国，草地覆盖着 2/5 的国土面积，是我国面积最大的陆地生态系统。自 2010 年全部实现退耕种草计划以后，我国各类草地资源面积稳定保持在 60 亿亩左右，天然草原鲜草总产量为 10.22 亿 t，折合干草约 3.15 亿 t，载畜能力约为 2.48 亿个羊单位。今后若有针对性地全面实施草地生态建设，包括实施天然草地保护工程措施 15 亿亩，实施基本草场建设措施 18 亿亩，被开垦草地及其撂荒地全部退耕还草，使我国人工草场及改良草场占草地总面积的比例提高到并稳定在 30%以上；草地鼠虫害基本得到控制，草地植被覆盖度显著增加，牧草产量将可大幅度提高，牧区可望实现草畜平衡（陈百明，2002）。但我国相当大部分地区传统的肉食品是以消耗饲料粮为主的猪肉、鸡肉等，草地资源的利用解决不了日益增长的饲料粮问题。增加草食动物缩减食粮动物的生产是利用草地资源减低耕地压力增强食物保障能力的一个措施。但即便如此日益增长的饲料粮缺口仍然很难弥补，因而还必须考虑利用海洋资源。

《国家粮食安全中长期规划纲要（2008—2020 年）》中规定我国粮食自给率需稳定在 95%以上，其中稻谷、小麦保持自给，玉米保持基本自给。仅仅守住 18 亿亩耕地的红线可以保障口粮供给但难以持续保障各类食物和饲料供给，可持续高效利用 18 亿亩耕地、60 亿亩草地及海洋资源应是解决我国食物保障的关键所在，这势必应以耕地、草地和海洋三方面食物生产技术和科学的创新为支撑。

第 3 章　中国食物保障面临的问题和战略方向

3.1　解决种植业农产品供需矛盾的关键在于科技创新

从世界范围看，存在国际霸权的情况下，一国的粮食能否自给是关系国家自立与否的关键。《国家粮食安全中长期规划纲要（2008—2020 年）》中规定中国粮食自给率需稳定在 95%以上，其中稻谷、小麦保持自给，玉米保持基本自给。然而，如何保障口粮供给是一个重要难题。

3.1.1　食物保障面临的主要压力

1949 年以来，我国耕地资源开发利用水平的提高是国民经济发展的主要成就之一。由于耕地资源在深度开发和广度开发两方面均取得长足的进步，使得我国粮食及食物生产的增长远高于人口增长的速度，特别是 1978 年以来，通过实行家庭承包经营的制度创新、持续扩大农业科技投资的科技创新，使耕地资源开发利用潜力得到充分发挥，作为主要标志之一的食物生产能力不断增强，食物产量不断增加，使我国以极有限的农业资源保障了占全球 22%人口的食物需求。然而，通过单一耕地资源保障食物供给的能力逐渐弱化，未来我国农业生产在面临发展机遇的同时，也将面临一系列挑战，包括自然资源约束和退化、农业生产力增长乏力、农业生产经营规模小、劳动力成本上升和气候变化的影响等。

1. 资源数量和质量同步下降，资源约束性日益加强

（1）我国耕地资源数量减少。资料显示，我国耕地面积急剧下降的重要原因是我国耕地后备资源严重不足，仅在 1996～2012 年，全国耕地面积减少超过 1 亿亩，根据预测，到 2020 年，我国耕地的保有量还将较目前减少 7%；我国 40%以上的耕地面积退化是由于水土流失、贫瘠化、次生盐渍化、酸化等原因；2001～2007 年全国由于占补耕地而影响粮食生产能力达 120 亿斤以上。

(2) 耕地资源质量退化。我国耕地不仅人均数量少，而且质量偏低，存在着高中产农田比例不断下降、土壤营养比例严重失调、污染日趋加剧等诸多问题。中低产田由于保水保肥、耐水耐肥性差，更是"吃肥、吃水、吃工"，要维持高产只能大量使用化肥、农药。耕地质量低造成了我国的粮食生产能力低而不稳，国家的粮食保障没有根本保证。例如，东北地区黑土层变薄，土壤有机质含量持续下降；南方土壤酸化，华北地区土壤沙化，耕地资源质量严重退化。

(3) 耕地保护"重数量、轻质量"倾向普遍。其主要表现就是耕地占优补劣现象。伴随着中国城镇化进程，一些城镇周围和交通沿线质量好、基础设施好的良田沃土被大量占用，部分新补充耕地主要分布在耕作条件相对较差的地区，耕地质量总体下降，已严重影响到我国耕地生产能力，威胁国家食物安全。

(4) 可用于农田灌溉的水资源不断减少。水资源作为基础性自然资源和战略性经济资源，是保障我国粮食供给的另一刚性约束因素。尽管我国水资源总量相对丰富，位居世界第4位，但是由于人口基数较大，我国人均水资源占有量仅为世界平均水平的1/4，是全球13个贫水国之一。并且我国农业水土资源的匹配关系严重失衡，亩均水资源占有量仅为世界平均水平的1/2，据统计，1956～2010年全国年均降水总量为6.09万亿m^3，平均径流量仅为2.65万亿m^3，约有70%集中于汛期的6～9月，且81%分布在长江流域及其以南地区；又由于南北方耕地资源分布的差异，使得每公顷耕地上的水资源占有量南北差异极大，而且随着我国粮食主产区持续向缺水和生态脆弱的北方地区转移，单位耕地面积上水资源的占有量还将进一步减少。加之，近年来全球气候变化，南北方水资源分布的不均性加剧（据1956～2005年南北方水资源占有量比较，南方增加了3%，北方仅占16%），干旱缺水等极端气候事件频发，进一步加剧了农业水资源的紧张态势。特别是东北地区打井生产水稻，水稻种植面积近年来保持持续扩大态势，但井深已达40m以下。水资源短缺，本已难以为继，水资源的大量污染更是雪上加霜。

2. 农业生产力的增长速度呈现下降的趋势，增长乏力

1980年以来，农作物单产的提高是我国农业增产的最重要驱动力，但从增产趋势来看，农作物单产的增长速度在逐渐下降。虽然，农业科技进步在促进农业生产力增长上效果显著，然而目前我国农业科技发展同农民的技术需求脱节现象严重，其原因是农业科研和技术推广体系还没能很好地适应农业生产发展的变化。因此，

要充分发挥农业科技为未来提高农业生产力的作用,急需推进农业科技体制和激励机制等的改革。农业基础设施建设是农业生产力提高的基础,但目前土地生产力的提高也还受制于水利设施、土壤改良、田间道路和防护等农业基础设施的建设。

3. 劳动力工资上涨将给农业生产带来新的挑战,使生产效益下降

随着大量农村劳动力转移到工业和服务业就业,人口增速的下降及老年化,近年来劳动力实际工资正逐年增长,农业生产的劳动力机会成本显著提高。劳动力工资上涨将显著影响农产品生产成本,影响到我国农产品在国际市场的比较优势和竞争力,特别是难以机械化生产的农作物。

4. 气候变化的冲击日益突出,不确定性增加

气候变化给我国农业生产带来许多极不确定的影响和风险,增加农业生产的不稳定性,放大产量的波动。气候变化中,旱灾是影响中国粮食生产最大的灾害,而且旱灾的影响是全国性的。在1995~2005年,旱灾造成的粮食损失为每年1500万~2500万t,为全国粮食总产量的4%~8%,占因灾总损失的55%以上。此外,极端天气事件,如暴雨、冰冻等,也在一些地区给农业生产造成巨大的危害。同时,因气候变化直接导致我国粮食生产的热、水、光等气候资源条件变化,直接影响作物布局和农业生产结构的调整。近年来,我国玉米种植面积急剧上升,成为第一大作物,而小麦从1995年开始下降为我国第三大作物。

5. 水资源短缺矛盾凸显

从《国家粮食安全中长期规划纲要(2008—2020年)》中可以发现,目前我国人均占有水资源量约为2200m^3,不到世界平均水平的28%,每年农业生产缺水200多亿立方米,且水资源分布极不均衡,水土资源很不匹配。我国北方地区水资源短缺矛盾更加突出。东北和黄淮海地区粮食产量占全国的53%,商品粮占全国的66%,但黑龙江三江平原和华北平原很多地区超采地下水灌溉,三江平原近10年来地下水位平均下降2~3m,部分区域下降3~5m,华北平原已形成9万多平方千米的世界最大地下水开采漏斗区(包括浅层地下水和深层承压水)。此外,近年来,我国自然灾害严重,不利气象因素较多,北方地区降水持续偏少,干旱化趋势严重。今后受全球气候变暖影响,我国旱涝灾害特别是干旱缺水状况呈加

重趋势，可能会给农业生产带来诸多不利影响，将对我国中长期食物安全构成极大威胁。2009年年初，我国北方地区遭遇近50年来的大旱，受害面积近2亿亩，严重影响农业生产和生活用水安全。

6. 农业基础设施落后，抗灾能力减弱

农业资源的过度利用和生态环境的日益恶化，已成为粮食增产的严重阻碍。国家对农业的投资重点用于大江大河治理、生态环境建设，直接用于农田基本建设的投入明显偏少，农田水利建设资金缺口越来越大。农业基础设施滞后，田间排灌设施陈旧老化，农业抗灾能力脆弱，各种自然灾害（包括病、虫、旱、涝、雹等）频繁发生，殃及相当一部分农田，严重影响到粮食增产的前景。2003年全国农作物受灾面积5438.6万hm^2，比上一年上升15.4%；水的后备资源短缺、土壤沙化、盐碱化及工业三废都影响到粮食的增产和品质的改变。

7. 品种结构性矛盾加剧

小麦供需总量基本平衡，但品种优质率有待进一步提高。大米在居民口粮消费中约占60%，且比例还在逐步提高，但南方地区水田不断减少，水稻种植面积大幅下降，稳定和恢复生产的难度很大，稻谷供需总量将长期偏紧。玉米供需关系趋紧。大豆生产徘徊不前，进口依存度逐年提高。北方种植大豆、南方种植油菜比较效益低，生产缩减。粮食品种间（如东北大豆、玉米、水稻）争地及粮食作物与油料、棉花、烤烟等经济作物之间的争地矛盾将长期存在。

8. 种粮比较效益偏低，农民种粮积极性差

我国近些年实行了一系列惠农政策，比如粮食直补、良种补贴、农机具购置补贴等，对农业的发展起到了一定的促进作用。但物价上涨，种粮成本增加，政府的补贴力度赶不上农资上涨的幅度，种粮收益低，农民的种植积极性不高。随着经济与城镇化的发展，我国出现了世界上规模最大的农民工群体，每年大概有1.5亿～2亿农村精壮劳动力离开土地进入城市务工，留守在农村的大部分是老弱劳动力和未成年的孩子，很多地方甚至出现了"空巢村"现象。农业高投入、低收入导致农民宁愿出外打工也不愿意种地，有的土地撂荒，有的粗耕，有的出租。农民收入中农业收入比例急剧下降，根据《中国统计年鉴2007》资料，1990年、2000年及2006年

农业收入比例依次为50.2%、37.0%、32.3%,16年下降了近20个百分点。我国经济一直保持较高的增长速度,而粮食增长率自20世纪90年代以来一直递减。

9. 缺乏长期稳定的农业科技投入

我国目前对公益性农业科技的投入强度是世界最低的,发达国家公益性农业科技投入高达GDP的2.37%,30个最低收入国家20世纪80年代平均为0.65%,而我国20世纪90年代末以来降低为0.20%～0.23%。农业科研投入迄今没有形成长期稳定的制度安排、法律保障和运行机制。同时,我国近2/3的农业科技成果转化和技术推广渠道不畅,成果转化率只有30%～40%,而美国的农业科技成果转化率超过85%。我国农业科技的投入水平在很大程度上影响了科技创新成果作用的发挥。近几年,国家明显加大了对农业的科技投入,2008年中央财政安排"三农"支出5625亿元,比上年增加1307亿元。

10. 国际垄断影响我国食物保障

世界粮食价格的上涨与粮食贸易的垄断性有关。目前,世界上四大跨国粮商——ADM、邦吉、嘉吉和路易达孚垄断着世界粮食交易量的80%。美国拥有丰富的耕地资源,其称霸世界不仅依赖核武器和金融,而且摆在第一位的是粮食垄断,美国政府提出了"以粮食为武器的世界战略",以"粮食战略"作为维系世界霸权的一种手段。美国拥有三个粮食巨头：嘉吉公司、ADM公司、邦吉公司。为了垄断粮价,美国一直将小麦产量控制在8000万t（即16 000亿斤）,2007年故意减到7000万t；另外,减少玉米的出口数量用来加工乙醇,以左右世界粮价。近期,美国打算把中国变成其出口农产品的主要对象,也想搅乱中国粮食市场。至今中国已有上述三大粮商的分公司,外加路易达孚公司,中国80%的大豆压榨能力已被其控制。

因此,尽管中国食物缺口的相对比例不高,但其绝对数量很大,说明仅仅依靠有限的耕地资源,即使在高效利用的条件下,仍然难以满足中国从小康生活到富裕生活过程中的食物需求。

3.1.2 依靠科技创新驱动食物保障的必然性

2013年中央经济工作会议和中央农村工作会议都进一步提出必须坚持"以我为

主、立足国内、确保产能、适度进口、科技支撑"的食物保障新战略。这个战略预期需要通过强化农业科技的支撑地位，从而以科技创新驱动在有限耕地资源上的最大生产能力，确保立足国内口粮保障、适度进口，做到以我为主。

1. 发展非粮农业科技，拓展多元化食物来源

我国应大力开拓多元化食物来源发展路径，不仅向地要粮以保证口粮自给，要积极开发非粮食物资源，以减少粮食消费需求。一是发展节粮型畜禽产业，向山林草原要粮。在北方注重天然草原保护和改良，利用农区坡地和零星草地建设高产人工饲草地；在南方加快草地资源开发，积极发展山地和丘陵多年生人工草地、一年生高产饲草，扩大南方畜牧养殖业饲草来源；并且促进农区和半农区节粮型畜牧业发展，积极推行秸秆养畜。转变畜禽饲养方式，促进规模化、集约化发展，提高饲料转化水平。二是发展水产养殖业和远洋渔业，向江、河、湖、海要粮，提供更多的食物和优质蛋白。充分利用内陆淡水资源进行水产养殖，发展稻田和庭院水产养殖及低洼盐碱地水产养殖，增加淡水养殖面积，促进水产养殖业可持续发展；合理利用海洋资源，加强近海渔业资源保护，扩大并提高远洋捕捞规模和水平。

2. 促进农业发展方式转变，迫切需要提高农业科技创新能力

随着工业化、城镇化的快速推进，农产品总量需求刚性增长，质量安全要求不断提高，保障国家粮食供给和主要农产品有效供给的任务越来越重。耕地、淡水等资源的刚性约束日益加剧，生态环境保护的压力不断加大。农业劳动力成本迅速上涨，种子、化肥、农药等农业生产资料价格增长明显，土地流转成本不断提高。为此，迫切需要加快农业科技创新步伐，强化农业科技的支撑作用，进一步提高土地产出率，大幅度提高资源利用率和劳动生产率。

3. 适应农业经营主体的新变化，迫切需要增强农业科技服务能力

随着农村青壮年劳动力大规模向城镇和非农产业转移，农村劳动力数量不断减少，素质呈结构性下降，难以满足现代农业发展的需求。随着农业生产规模化、集约化程度的不断提高，新型种养殖大户、农民专业合作社和农业企业等逐步成为农业生产经营的新主体，对关键生产环节的技术服务产生巨大需求。为此，迫切需要加强基层农技推广体系建设，增强农业科技专业化、社会化服务能力，提高科技服务的质量和水平。

4. 加强粮食可持续生产能力建设，推进农业科技体制机制改革

加强粮食的可持续生产能力就要保护耕地资源，坚守我国 18 亿亩耕地红线和 16.5 亿亩粮食播种面积底线，对占用优质耕地行为严格管理和控制；按照十八届三中全会决定的统一部署，做好稳定和扩大退耕还林、退牧还草范围的工作，积极治理受严重污染和地下水严重超采区的耕地或调整其用途，有序实现耕地休耕轮作；增强农业科研投入力度，加快农业技术推广体系改革，确保公益性技术推广部门充分发挥其职能，创造市场条件吸引大型企业等私人投资参与农业科技创新，确保农业科技进步成为粮食和其他主要农产品增长的驱动力；加强对农村水利、市场流通重点设施，教育、科研、技术推广和气象基础设施等生产基础设施建设的投资，改善农业生产条件，提高农产品的供给能力与抗灾害能力，为食物供给提供必要的物质保障。

5. 以科技创新保障食物安全的同时，也可充分利用国际市场资源

在确保口粮供给、审慎放开饲料与工业用粮的新型食物保障战略的基础上，应建立和完善全球粮食贸易的长期发展战略规划，制定与不同粮食品种相适应的一揽子的粮食贸易战略，明确需要依靠国际市场和国际资源供给的品种、供求缺口及进口来源，在保障中国粮食供给水平的基础上，利用国际市场资源实现比较优势互补。在小麦进口方面，通过向美国、澳大利亚、加拿大等进口高品质的强筋、弱筋小麦以满足国内不同层次多样化的消费需求，保障贸易伙伴稳定，在贸易策略方面应该继续对现有的关税配额予以保护；稻谷适当进口亚洲国家的优质大米以满足国内的消费需求（唐华俊，2014）。

先行国家和地区的经验表明，对于人多地少的国家和地区而言，保障粮食供给并不必然意味着维持粮食的高自给水平，例如，与我国大陆资源禀赋条件相似、食物消费文化相近，较有代表性的地区，如日本粮食自给率（按热量计算）不足 40%；韩国粮食自给率约为 50%；我国台湾地区早在 20 世纪八九十年代粮食自给率便已下降至 50%（何安华和陈洁，2014a，2014b；姜长云等，2014）。

当然对于中国这样的人口大国来说，一定程度的自我基本供给能力的保障有其合理性和必要性，但如果简单地把自给自足的程度等同于粮食保障的程度则可能产生对"安全"的误读。回溯中国粮食保障的历史，在 20 世纪五六十年代我国一直是粮食净出口国，也就是说当时的国内粮食自给率超过 100%，但人均粮食产量和占有量分别维持在 300kg 和 206kg 左右；而到了 2013 年，中国粮食净进口近 8000 万 t，粮食

自给率不足 90%，但人均粮食产量和加上净进口后的人均粮食占有量则分别为 443kg 和近 500kg。对比这两段时期，不容否认，在此期间我国的粮食保障水平是在持续提高和改善的，因此安全并不应拘泥于低水平上的"自给自足"，而应是"更高水平上的满足"和"稳定的可获性"。

适度进口国外农产品、合理利用世界农业资源，可缓解国内农业资源短缺的压力，对提高我国的粮食保障水平具有重要意义。2013 年年底，中央提出了"以我为主、立足国内、确保产能、适度进口、科技支撑"的国家粮食保障新战略，重新界定了国家粮食保障的内涵与边界，从过去保全部转向保重点，"谷物基本自给、口粮绝对安全"，并第一次把适度进口作为粮食保障战略的内涵之一。特别是，要求在保障当期供给的同时，更加注重农业可持续发展，保障供给不能以牺牲资源环境为代价（叶兴庆，2014）。这意味着，中国的新粮食保障观，是确保资源安全前提下的粮食保障水平，而粮食连年增产、不计资源环境代价的高自给水平，并不代表粮食的真正安全。从我国的资源禀赋出发，发挥比较优势，更充分地利用国际国内"两个市场、两种资源"，适当增加粮食进口，加快农业"走出去"步伐，是我国建立开放型经济新体制的理性抉择，同时也是保障国家粮食供给的必然趋势。

3.2　正确认识食物保障和农业劳动力成本之间的关系

食物保障和农产品竞争力下降是相互关联的两个重大公共政策问题。本研究以经济学基本原理为依据，通过逻辑和数据分析指出近年来粮食进口大幅度增长、农产品特别是粮食作物生产成本迅速上升的主要原因在于经济和收入增长及劳动力成本的飙升；而劳动力成本上升的一个重要原因在于农业生产的季节性导致的农村劳动力市场在时空上不匹配。因此，降低农产品生产成本、提高粮食保障水平的关键在于通过技术和制度创新缓解劳动力市场供求瓶颈阶段的紧张程度。

进入 21 世纪以来，我国农业和农村发展不断取得重大成就，但也面临一系列新挑战。对发展国民经济和保障人民生活来说，最重要的农业政策问题之一是如何确保粮食供给，而我国粮食保障问题正面临重大挑战。对政府和公众来说，粮食保障一直是最基本的政策目标之一，同时粮食自给率被作为衡量粮食保障的最基本指标，因而粮食进口量一直受到高度关注。近年来，除了大豆进口量不断创新高以外，主要谷物的进口量也呈快速上升趋势，粮食保障再次成为大众关心的热点和政府决策面对的重要议题。

与过去长期供应短缺的时代不同，改革开放以来我国粮食生产增长迅速，远远超过人口增长速度，不仅人均热量摄入水平大幅度提高，食物结构和营养状况也得到显著改善。甚至在一些高收入地区和人群中，营养摄入过量导致的肥胖症和以"三高"为代表的富贵病发病率不断上升。因此，当前粮食保障问题与过去相比存在性质上的根本差异：当前粮食看上去供不应求，根本原因在于收入持续大幅度上升导致的食物结构变化，在改善营养的同时增加了对饲料粮的需求，并非食物消费绝对量下降或普遍不足，而是一种"甜蜜的烦恼"。除了消费需求的快速增长以外，农业生产成本特别是劳动力成本的迅速上升也是国内农产品竞争力下降、粮食进口大幅度增加的重要原因。同理，劳动力成本大幅度上升的根本原因是农民收入上升，而增加农民收入正是政府追求的目标，因此劳动力成本上升造成的农产品竞争力下降也是一种"甜蜜的烦恼"。说它们是"甜蜜的烦恼"，是因为造成这些烦恼的根本原因是收入上升，如果收入不上升或者上升得较慢，就不会有这些烦恼。但增加收入恰恰是政府追求的根本目标，只要政府努力快速增加收入，就必然带来这些"甜蜜的烦恼"，因而可以说是"自找"的"烦恼"。

既然是烦恼，就需要找到适当的应对之道，"甜蜜的烦恼"也不例外。要探索适当的应对之道，首先应当明白问题的性质和产生的原因，然后才有可能科学地讨论如何应对。

3.2.1 收入增长导致食物需求和生产成本同时上升

按照联合国粮食及农业组织的定义，粮食安全是指"任何人任何时间都可以获得并且买得起足够、安全、有营养的食物，以满足他们从事积极生活的需要和对食物的偏好。"很明显，这一定义强调的是最终消费者的满足程度，与食物生产地点、是否进口无关，其隐含假定是各种资源的自由流动，包括不受政治和其他因素干扰的自由贸易。一些人口大国（包括发展中国家和发达国家）则强调基本食物的自给自足，其原因不仅考虑国内政治因素，同时也包含对历史经验的回忆和解读（FAO et al.，2013）。日本和韩国一直严格保护本国大米市场，韩国农民甚至不惜以自焚来抗议自由贸易；印度和中国则更进一步，基本上把粮食保障等同于粮食自给，并据以制定农业生产和农产品流通的主要政策。

即便我国在政策上特别强调粮食生产并投入大量公共资源，但近年来粮食及相关食物进口仍然大幅度上升。以2013年为例，除了进口大豆6338万t、食用植物油

810万t、食糖455万t，谷物及谷物粉的进口量也达到1458万t，包括小麦554万t、稻谷和大米227万t。我国现行统计口径中粮食包括谷物、薯类和豆类。如果以现行统计口径中的粮食为标准，2013年我国粮食进口总量相当于国内产量6.194亿t的13%（如果单计算谷物，则进口量相当于产量的2.6%）。相比之下，印度粮食年产量不到2.6亿t，实际净出口1000多万吨。如果以粮食自给率为标准，印度的粮食保障水平明显超过中国；但是，如果以居民食物消费和营养水平为标准，那印度就差远了：印度5岁以下儿童接近50%营养不良，或者体重不足或者身高不足，更多的是两者兼而有之。原因很简单，印度人均粮食消费量（包括饲料粮）仅相当于我国20世纪60年代初饥荒时期水平，食物摄入量明显不足（International Food Policy Research Institute，2014；Yu et al.，2015）。印度并没有实行粮食配给制度，居民食物消费水平完全受限于收入水平和消费习惯。如此普遍的营养不良很难用宗教等文化因素来解释，只能归因于普遍的贫穷导致弥漫性的食物消费不足。如果我国人均收入水平下降到印度当前的水平，人均食物消费量大概不会比印度现在的水平高多少，那么，我国根本不需要进口粮食，现有的粮食总产量当中甚至有一半可以用于出口。

除了需求因素外，相对价格或相对成本的变化是我国粮食作物进口急剧增长的另一个主要原因。国内各界讨论农产品生产成本上升的问题是通常仅仅关注物质成本，特别是与能源相关的物质生产费用的上升。农产品物质成本上升是一个不争的事实，但如果放在全球视角讨论与国际贸易相关的成本问题，情况就不同了。能源价格上升导致一系列生产资料的成本和价格上升，但这种成本和价格上升是全球性的，无论出口国或进口国，生产成本都在上升；尽管上升比例可能不同，但毕竟是全球普遍现象，很难用来解释我国粮食作物进口为什么大幅度增加。如果换个角度观察我国的独特之处，可以看到我国经济的持续高速增长导致城乡居民收入大幅度提高，而农民收入的长期大幅度提高必然表现为农业生产中劳动力成本的飙升。我国农民人均纯收入1978年仅为133.6元，2000年和2013年分别增加到2253.4元和8895.9元，按可比价格计算分别为1978年的550.6%和1286.4%，不仅远远高于能源价格的长期增长趋势，而且其他国家农民收入的增长根本无法望其项背。

表3.1的数据表明，2008~2013年三种主要粮食作物每亩平均生产成本逐年递增，由562.42元提高到1026.19元，增长约82.5%；同期每亩收益尽管也在连年上升，但增长幅度仅约为46.8%。生产成本的提高远快于种粮收益的增长，导致农户种粮的净利润下降，成本利润率逐年下滑（表3.1）。与此同时，从生产成本结构来看，除化肥、机械等物质投入要素成本明显上涨以外，近年来更为引人注目的是农业劳动力成本和土地租

金的快速增长，推动中国农产品生产成本大幅提升。2008～2013年三种主要粮食作物平均每亩人工成本由175.02元增至429.71元，增幅达145.5%，对粮食总生产成本上升的贡献占到了约54.9%。考虑到劳动力成本上升的深层次原因在于农村人口数量下降、人口老龄化问题加剧，具有不可逆转性，中国粮食生产步入高成本时代的步伐将会显著加快。在农业生产成本高企的大背景下，为了维护农民的种粮收益、提高农户种粮积极性，中国多年来实施粮食托市收购政策，相继于2004年和2006年开始实施主产区稻谷、小麦等主粮品种的最低收购价政策；于2008年起在部分省区启动对玉米、大豆等粮油产品的临时收储政策，并逐年调高粮食托市收购价格。表3.2的数据表明，2008～2014年主要稻谷品种的最低收购价格上涨幅度均超过了90%，小麦品种最低收购价上调则在60%以上，玉米和大豆的临时收储价格上升也很明显。国内粮食收购价格不断被抬高，并一举超过国际粮食市场价格，目前我国三大谷物、大豆、食糖和牛羊肉等进口到港后的完税价格远低于国内价格。换句话说，如果我国农民收入增长没有如此之快，农产品生产成本的上升就不会如此之快，我国粮食国际竞争力也不会下降得如此之快。

表3.1 三种粮食（稻谷、小麦、玉米）每亩平均成本收益情况（2008～2013年）

项目	2008年	2009年	2010年	2011年	2012年	2013年
总产值（1）/元	748.81	792.76	899.84	1041.92	1104.82	1099.13
总成本（2）/元	562.42	600.41	672.67	791.16	936.42	1026.19
人工成本（3）/元	175.02	188.39	226.90	283.05	371.95	429.71
物质服务费用（4）/元	287.78	297.40	312.49	358.36	398.28	415.12
土地成本（5）/元	99.62	114.62	133.28	149.75	166.19	181.36
净利润（6）/元	186.39	192.35	227.17	250.76	168.40	72.94
成本利润率（7）/%	33.14	32.04	33.77	31.70	17.98	7.11

注：(2) = (3) + (4) + (5)；(6) = (1) - (2)；(7) = (6) / (2) ×100%。
数据来源：国家发展和改革委员会价格司，2014

表3.2 粮食价格支持政策执行价格情况（2004～2014年）

项目	粮食	2004年	2005年	2006年	2007年	2008年	2009年	2010年	2011年	2012年	2013年	2014年	涨幅/%
最低收购价	早籼稻	0.70	0.70	0.70	0.70	0.77	0.90	0.93	1.02	1.20	1.32	1.35	92.9
	中晚籼稻	0.72	0.72	0.72	0.72	0.79	0.92	0.97	1.07	1.25	1.35	1.38	91.7
	粳稻	0.75	0.75	0.75	0.75	0.82	0.95	1.05	1.28	1.40	1.50	1.55	106.7
	白麦			0.72	0.72	0.77	0.87	0.90	0.95	1.02	1.12	1.18	63.9
	红麦混合麦			0.69	0.69	0.72	0.83	0.86	0.93	1.02	1.12	1.18	71.0
临时收储	玉米					0.75	0.75	0.90		1.05~1.07	1.11~1.13	1.11~1.13	49.3
	大豆					1.85	1.87	1.90	2.00	2.30	2.30		24.3

注：①小麦最低收购价在2011年之前区分白麦、红麦混合麦，价格略有差别；2012年后不再区分，价格相同；
②根据地区不同，从2012年起东北三省和内蒙古国家临时存储玉米挂牌收购价格（国标三等质量标准）有所差别，黑龙江、吉林、辽宁和内蒙古依次每斤提高0.01元；
③2014年国家取消大豆临时收储政策，实行大豆目标价格改革试点，不再公布大豆临时收储价格。
数据来源：中国社会科学院农村发展研究所和国家统计局农村社会经济调查司，2015；中国物价年鉴，2004～2014

同时应当看到，最近十多年我国农业劳动力成本的上升速度远远超过农村居民人均纯收入的上升速度。根据全国农产品成本收益资料，1998~2003年我国粮食生产中雇工的日工资一直在18元左右徘徊，2004年开始进入快速上升轨道，从2003年的18.80元上升到2013年的99.05元，按当年价格计算10年中约增加了4.27倍，年均增长18%（国家发展和改革委员会价格司有关各年数据资料），而同期农村居民人均纯收入按当年价格计算仅增加了2.39倍，年均增长13%，尽管已经在全球独占鳌头，但显然不能用农村劳动力供给曲线的移动完全解释农村劳动力成本上升的幅度。

农村劳动力大量外出务工可能改变既定价格水平上的劳动力供应量，从而造成农村劳动力市场上供应曲线向内移动，是劳动力成本飙升的一个可能原因。但是，在农村劳动力大量外出的同时，蔬菜播种面积却持续大幅度增长，占作物播种总面积的比例从2%增加到12%，同时，由于蔬菜播种面积按照全年种植面积计算，不考虑收获次数，而粮食播种面积按收获次数累加，因而蔬菜生产实际增加的面积应当更多。由于蔬菜生产每亩用工量相当于粮食生产的5倍，蔬菜种植面积大幅度增加的事实证明我国农村劳动力供应并非绝对缺乏，劳动力雇佣价格的上升只能看做是劳动力供应的相对不足，可能有其他原因。

从农业生产特性来看，农民收入与劳动力成本上升速度不一致、农村劳动力市场供应相对不足的一个重要原因是大田生产劳动的季节性：农忙时大家都需要增加劳动力的投入，因而需要增加雇佣劳动；而农闲时则相反，大家都有多余的劳动力可供雇佣。如果不再简单地把农村劳动力市场看作一个没有时空概念的"点"，而是根据农业生产的实际引入时间和空间维度，就可能发现全年劳动力过剩的现象与季节性供求失衡并存，从而导致农忙季节劳动力雇佣价格大大超过全年平均数，更远远超过农闲时节。从时间上看，对季节性的大田农业生产而言，特别是粮棉油生产，劳动力的供求在时间上无法匹配。从空间上看，如果每一地点劳动力的需求不确定、不连续，就可能加剧因为居住分散造成的信息不畅、移动成本高的问题，因而农村劳动力市场供求在空间上也很难匹配。

由于农村劳动力供求在时间和空间维度上都很难匹配，就难以形成有效的市场，不仅农忙季节劳动力成本的上升特别显著，而且难以通过雇佣季节性劳动来扩大粮棉油等大宗作物的生产规模。相对而言，蔬菜等园艺产品的生产全年用工量相对均衡，供求关系在时空上比较稳定，利用雇佣劳动就相对容易。其实，农村金融市场也一样，在大宗农产品集中生产地区，因为农户需要筹集资金和可以提供剩余资金的时间不一致，社区合作无法解决大田生产资金供求时间上难以匹

配的问题。

3.2.2 对劳动力成本上升的反应

面对劳动力成本上升,生产者有两个选择,即要素替代或产品替代。前一种选择是不改变生产的种类,用成本相对较低或者下降(不变)的要素替代成本较高或者上升的要素,后一种选择是改变产品种类,用高投入高产出的产品替代低投入低产出的产品,用出售高附加值产品所获得的相对较高的价格和收入来平衡生产成本的上升。

在粮食(或其他大田作物)生产上,劳动力成本上升导致的要素替代主要体现为农业机械替代劳动力,其必要的技术条件是地处平原地区,易于使用大中型农业机械,而必要的经济条件是存在农业机械作业的规模经济,无论土地和机械的所有权、经营权如何分散,农业机械的单机作业规模可以超越必要的规模门槛,购置成本和其他固定费用可以在更大作业面积上分摊。产品替代则主要表现为蔬菜、水果等高附加值园艺产品替代粮食作物,也有一些农田改用于水产养殖。产品替代的技术条件是具有适合高附加值产品生产的自然环境,而经济条件是临近高收入人口集聚中心或深加工中心,具有高附加值产品的市场规模经济能降低物流费用。除了生产成本上升的推力,转向高附加值产品的产品替代还受到消费者收入上升形成的需求拉力,因而比要素替代更加普遍。或者说,即使没有劳动力成本上升的因素,消费者收入上升、对高附加值产品需求增加,产品替代就可能发生。当然,应对劳动力成本上升还有另一种性质的产品替代,即在不适合生产高附加值产品的地方用劳动力投入更少、产值可能更低的产品(如竹木等)替代粮食等大田作物,包括极端情况下的抛荒。

经济发展最迅速、收入增长最快的东南沿海地区过去三十多年的农业生产结构的变迁很好地验证了上述理论预期。受农业劳动力成本不断攀升和高收入城市人口需求拉动的双重影响,广东、福建、浙江和江苏四省的蔬菜水果生产和畜牧业、渔业生产都大幅度增长:2003~2013年按不变价格计算的第一产业附加值分别增长了118%、183%、115%和145%,这样的增速远远超过各种产品的生产率提高速度,因而主要是结构调整、高附加值产品的生产大幅度增长的结果。

由于面临的市场条件类似,产品替代在上述四省的表现相近,然而,由于自然条件的差异,要素替代的状况却大相径庭。1978~2014年江苏粮食生产从2290万t

增长到 3491 万 t，增幅达 52.4%，与历史产量最高的 1997 年相比，2014 年的粮食产量仅下降了 0.3%。但是，与 1978 年相比，2014 年广东、福建和浙江的粮食产量分别下降了 16.8%、8.4%和 45.7%，与历史最高纪录相比，则分别下降了 31%、31%和 50%。原因很简单，江苏大多为平原地貌，耕地面积接近国土面积的 50%，技术上适宜农业机械的大规模作业；过去十多年农民自发创造了农机跨地区作业模式，有效提高了农业机械单机作业规模、大大地增加了每一台农业机械一年内的作业时间（Yang *et al.*，2013）。

如果从机械作业这一生产环节或阶段来看，江苏小农经营体制下的农机作业规模经济已经远远超过了美国的大农场。美国几万亩面积的家庭农场通常拥有好几台大型农业机械，每台机械每年的工作时间通常只有数周；而我国跨地区作业的农业机械一年可以工作几个月，单机作业面积远远超过美国大型家庭农场，因而造成作业环节上更大的规模经济、更低的单位面积作业成本。相比之下，广东、福建和浙江主要是丘陵山区，耕地面积占本土面积的比例甚至低于 20%，技术上不利于机械化，因而农民很难用机械替代劳动力继续从事粮食等大田作物生产。

如果某种农产品生产的季节性过强、劳动力市场供求在时间维度上过度失调，那么，即使该产品的附加值很高也可能无法弥补劳动力市场供求缺口，这种农产品的生产就会萎缩，或者转到其他更适合的地方。蚕桑生产就是一个明显的例子。苏南曾经与杭嘉湖平原一道是蚕桑生产的主要地区，因而清朝的江宁、苏州和杭州三大织造衙门密集设立在这一地区。但是，这一地区一年只能养蚕 2～3 季，每季需要大量劳动力密集作业的时间不过 10 天左右，而且与大田农忙季节高度重合，因而，随着劳动力成本上升，蚕桑的主要饲养地区首先从苏南转向苏中然后转向苏北，再以后就不断萎缩，现在江苏的蚕茧产量比高峰期减少了 65%以上，目前仅南通和盐城有少量生产。就全国而言，蚕桑生产迅速向广西转移，主要原因在于广西的气候可以每年养蚕 5～6 季，甚至 8 季，养蚕的劳动力可以比较均匀地分散在一年的不同时期，劳动力成本因而大幅度下降。如果需要雇工，当地的劳动力供求也容易实现时间上的平衡。

可以预见，随着我国经济继续以较高速度增长，居民（包括农民）人均收入继续以较大幅度持续上升，我国劳动力成本的进一步上升对农业生产的影响可能更加明显。由于要素替代和产品替代发挥作用的结果，粮、棉、油等大田作物的生产会相对集中于平原地区，农业机械会更多地替代劳动力；而高附加值的园艺产品会相对集中于丘陵山区，其中蔬菜等不易储藏的产品可能向人口密度高的经济发达地区

转移，而比较耐储藏、耐运输的干果和水果则可能向中西部交通条件比较方便的加工中心集中。

3.2.3 技术和制度创新的方向

上述分析给我们一个启示，即农业劳动因产品和技术的差异具有强弱不等的季节性，但每一个劳动力无论一年工作多少天都必须维持365天的生活，也具备全年工作的潜力。断续的需求和持续的供应造成农业劳动力市场时间维度上的失衡，而相对高昂的交通或通勤成本，加上断续和不确定的需求，使得农村劳动力难以在邻近地区的劳动力市场上频繁转移，因而无法通过空间上的调整来平衡农村劳动力市场时间上的失衡。如果不能缩小乃至抹平劳动力市场时间上的不平衡，劳动力的价格就可能远远高于所谓均衡水平（按全年总劳动量计算的边际产品价值），因为劳动者必须用工作时间的收入维持全年生活，并且其生活水平还不能明显低于全年劳动者，否则他们就会另谋出路。因此，降低农业劳动力成本的要点是尽可能缩小劳动力供求时间上的差异，尽量让每一个劳动力全年的劳动时间能够比较均衡地分布在不同日期。只有尽量减少无法工作的天数，才能有效降低实际工作日必须获得的工资水平。

这就是说，无论是技术创新还是制度创新，关键都是瞄准劳动力供应的瓶颈阶段：尽可能用生物技术消除劳动力需求的瓶颈阶段或者缓解瓶颈阶段的劳动力需求，用机械等设备替代瓶颈阶段的劳动力投入，通过技术和制度创新提高瓶颈阶段劳动力的利用效率。劳动力供应瓶颈阶段的劳动力供求状况不仅决定了农产品生产中劳动力雇佣成本，也决定了农村剩余的季节性劳动力能否进一步转移出去。因此，瞄准劳动力供应瓶颈阶段的生产组织和技术问题，加大对特定技术和制度创新的投入，不仅有助于降低农产品生产成本、提高大田作物的国际竞争力、提高粮食供给的保障水平，而且有助于促进农村劳动力进一步转移和增加农民来自非农就业的收入。

对于大田作物的劳动力需求而言，目前最大的瓶颈可能是病虫害防治阶段，因为在目前的技术条件下，这一阶段的作业时间不仅高度统一，而且不能灵活选择，同时效率也不高，需要大量劳动力同时进行。如果通过生物技术培育出对病虫害高抗性品种或者生物敏感期错开病虫高发期的品种，或者创新并采用类似美国抗除草剂大豆配合高效除草剂那样的技术，允许灵活选择喷洒农药的时间，就可以通过延长适宜作业的时间缓解劳动力需求瓶颈阶段的压力；如果设计并推广采用无人机等

44

高效机械喷洒农药，不仅可以大大地减少瓶颈阶段的劳动力需求、提高有效作业时间的工作效率，还可能提高作业的标准化程度，降低农药残留量，减少非法、劣质农药的使用。

对于高附加值园艺产品来说，也存在劳动力供求的瓶颈阶段，但没有大田作物那么严重，主要原因在于园艺产品的种类多、生长期具有一定的灵活性，农民在劳动力使用上有更大的自由调节空间。不过，通过生物技术创新给农民提供更大限度的灵活性仍然具有重要意义。

目前技术上的关键在于缺乏适用、高效的机械。过去长期偏重大田粮棉油作物生产的机械化，对丘陵山区的园艺产品重视不够，缺乏适用于丘陵山区园艺生产的机械，更缺乏适用的收获后处理机械。实际上，对于不易保存的园艺产品而言，收获后阶段用于收集、整理、包装、储藏和运输的机械更重要，不仅在于缓解劳动力供应瓶颈的约束、节约劳动力成本，更在于提高产品的质量，从而提高其市场价格，不仅可以更好地满足消费者需要，而且可以进一步增加农民收入。

无论哪一种技术创新都会引发相应的制度创新，也需要制度创新保障其有效运行。农机跨地区作业的经验告诉我们，在小农经营体制下提高规模经营的重要形式是提高生产作业阶段和环节的规模经济，因而需要创造和维持大范围的农机服务市场。政府可以而且应当提供信息和支持服务，但绝不能按地区分割市场，决不能因地方利益的短期需要限制农机服务的市场范围和规模经济。如果出现了农机服务市场的地区分割，必然会减少单机作业面积，从而降低甚至消除目前在农机服务阶段已经体现出来的作业环节规模经济，最终导致农机作业成本上升、农产品竞争力进一步下降。创造病虫害防治和其他服务的市场，同样要鼓励服务者根据作业设备的技术潜力扩大服务的地域范围，尽可能实现作业的规模经济以降低服务成本；同时鼓励服务提供者成为不同技术服务的多面手，可以在不同季节提供不同服务，有效增加自己的劳动时间、降低劳动成本，从而降低农产品生产成本。

如果说政府在农机和技术服务市场上应有的主要作用是提供信息等支持服务而不是干预，那么，在引导技术创新的方向上政府应当采取更积极的措施、更大有可为。无论是科研单位还是生产企业，政府都可以通过财政支持和产业政策引导它们更加关注劳动力供求的瓶颈问题，把注意力更多地集中到如何降低成本，特别是如何降低劳动力供应瓶颈阶段的劳动力成本，而不能再单纯地追求提高产量。

在新形势下单纯地追求高产的技术和制度创新已经无法解决现实问题。例如，我国新疆的棉花生产采用膜下滴灌技术，单位面积的产量超过美国一倍，但来自美

国"望天收"的棉花，在征收滑准税、增值税等以后的完税价格仍然低于国内收储价格，导致国内收储棉花大量积压。目前粮食作物的生产成本也已经超过或者逼近国际市场价格水平，而且呈继续上升趋势，未来的进口将继续增加。单纯的保护不是最好的办法。日本农业生产技术公认世界一流，但日本农民的净收入总和仅相当于日本政府农业支持总额的 70%。这就是说，日本农民的劳动不仅没有创造新的价值，而且浪费了大量其他部门创造的价值；日本农业作为整体净产出为负，净损失达到 30%，已经成为国民经济体系中一个巨大的净漏出"黑洞"。我们不能走类似的道路，也没有能力走类似的道路。

3.3 支撑中国食物保障的农业科技创新的总体方向

3.3.1 缓解农业生产成本上升的技术创新选择

综上所述，现阶段提高农产品竞争力、提高粮食保障程度和增加农民收入的主要途径是降低农业劳动成本，而降低农业劳动成本的关键在于缓解农业生产劳动力市场供求瓶颈阶段的约束，提高农业生产的阶段和环节规模经济。

农业现代化的长远目标当然包括扩大农户经营规模，但是，这并不意味着小规模农户经营下就不能扩大规模经济、不能采用现代技术。如果根据作业性质划分阶段和环节，把不同阶段或环节的作业交给不同的服务组织去做，他们提供的现代化技术服务完全可能实现相应阶段和环节的规模经济。如果有针对性地支持劳动力供求瓶颈阶段需要的生产和流通服务，更可以在劳动力市场时间上不匹配的条件下有效降低农业生产的劳动力成本，提高我国农产品的竞争能力，提高粮食供给的保障水平。

这一过程中政府应当有所为有所不为：积极支持缓解劳动力供求瓶颈约束、降低生产成本的技术和制度创新，而不再片面强调提高单产；积极支持根据技术服务能力自然形成的市场，而不是为政绩和地方利益瓜分市场、妨碍服务的流动。

3.3.2 缓解食物供给侧结构需求的技术创新方向

农业科技创新是我国食物保障可持续性的基础和推动力，是食物行业发展方式

转变、推动食物产业结构升级、促进食物保障可持续发展的重要支撑。国家历来重视农业科技创新对食物可持续供给的基础支撑作用，历年中央一号文件也多次提及加强农业科技创新保障食物供给能力，特别是 2012 年再次明确我国实现农业持续稳定发展、长期确保农产品有效供给，根本出路在科技支撑。稳定的食物保障原则上应以充分并可持续利用我国 18 亿亩耕地、60 亿亩草原，以及江、河、湖泊和海洋资源为主体，辅之以国际市场的调节。

粮食增产技术重要，但农业科技创新更要综合食物保障的全局考虑。我国食物保障的首要环节是耕地，寻求突破耕地资源的科技发展是关键。饲料和口粮有矛盾时，良地首先要满足口粮的需求。因而，首先，要探索用非耕地资源替换耕地资源用于饲料生产的前瞻性农业科技，这分别包括海洋资源饲料可持续生产、草原可持续饲用牧草生产、沙漠边缘地带蚕食开发策略和滩涂资源开发利用的前瞻性科技需求。其次，要寻求破解资源约束型农业科技难题提高耕地利用效率的重大科技需求，包括农业区域中低产田治理的重大技术需求、西北旱区水资源利用与节水技术的重大需求，以及南方丘陵山区坡地利用技术的重大需求；再次，要寻求解决增加耕地产出提高可持续利用效益的重大科技需求，以及应对非生物逆境干扰的重大科技需求。

第4章 世界主要国家农业及农业科技发展的新趋势

4.1 世界农业发展的新动向和新趋势

根据国务院发展研究中心"新时期我国农业科技改革发展的目标与任务"课题组和我们对世界农业发展的总结,认为世界农业的发展有如下特点。

4.1.1 传统农业正在快速向现代农业转变

从传统农业向现代农业转变,就是将工业要素投入农业来替代传统要素的过程。主要表现为,以机械作业替代畜力和手工作业;以化肥等工业投入要素替代农家肥等来自农业自身的投入要素;依靠科学知识和实验的农业替代依靠经验的农业;以专业化的商品性农业替代产品自产自用为主的自给性农业。

现代优良品种的育成和扩散、优质高效化肥的广泛应用、灌溉农业的发展、动植物保护技术的创新和应用、农业机械化、智能化、信息化的推进,不断推动世界各国从传统农业向现代农业转变。

发达国家改造传统农业起步阶段所选择的技术路线,主要由该国的国情和资源禀赋决定,归纳起来有三种模式:一是以美国、加拿大、澳大利亚等为代表的农业机械化模式,首要目的是提高劳动生产率;二是以日本、荷兰、以色列等为代表的生物技术化模式,首要目的是提高土地产出率;三是以法国、德国等为代表的农业机械化和生物技术化兼顾模式。无论从哪种模式起步,各国最终都转向了以机械化、良种化、化学化、电气化、信息化等为主要内容的全面农业现代化,进入基本趋同的发展阶段。

4.1.2 生物技术在农业中的应用越来越广泛

生物技术对于动植物产量的增长、生产和产量的稳定性及环境的可持续发展等

农业相关方面产生影响。转基因生物技术已成为影响未来全球经济的三大技术之一。发展中国家也应该向发达国家一样，把发展转基因技术作为抢占未来科技发展制高点的重要手段和增强农业国际竞争力和提升综合国力的战略重点。全球利用转基因生物技术研发出来的产品，已经由抗虫、抗除草剂发展到增产提质产品，再到如今的工业、医药及生物反应器等方面，转基因生物技术产业化应用的范围日益扩大。

面对国际上对转基因技术争论不休，发达国家针对现代农业可持续发展、应对全球气候变化、保障农产品质量安全和保护生物多样性与生态安全等方面的战略需求，加速发展以生物防治技术为主的植物病、虫、草、鼠害治理。

在面对日益严峻的资源浪费、能源枯竭的环境压力下，社会开始重视生物固氮技术对于改良土壤的应用。

4.1.3 农业信息技术成为提高农业现代化水平的重要手段

信息化技术将继续渗入到农业资源的调查、记录和监测，农产品产量的估算，农产品的追踪溯源，农业管理及决策支持等农业的各个领域。随着农业物联网、大数据、云服务技术的深入发展，发达国家精准作业技术及装备在农业生产各环节的应用将更加广泛。

4.1.4 发展循环农业、低碳农业成为实现农业可持续发展的重要途径

随着农业生产过程中工业技术的广泛使用，农业得到了迅速的发展，但是在这个发展过程中需要越来越多的资源投入，也带来了越来越严重的环境污染问题，如农药化肥滥用造成的土壤污染，焚烧秸秆造成的大气污染和土壤氮、磷、钾缺失，畜禽粪便大量排放造成的水体污染，温室农业产生的塑料等废弃物对环境造成的污染等，发展循环农业、低碳农业成为必然趋势。

循环农业是一种环境友好型的农作方式，也是一种能带来较好社会效益、经济效益和生态效益的农业模式。发展循环农业，主要是促进农作系统中的各种农业资源往复多层高效流动与利用，如秸秆还田、用有机肥替代化肥、利用生物相克防治病虫害、农牧结合、废弃物综合利用等，减少资源、物质投入量和废物排放量，实

现节能减排与农民增收的目标。国外已经发展出多种循环农业模式，如物质再利用模式、减少资源投入模式、废弃物资源化模式。

低碳农业是一种尽量减少各种资源的投入、减少碳排放的农业模式，是可持续发展的农业。发展低碳农业，主要是通过合理且更有效率地使用化肥、有害投入物的减量和替代、节水灌溉、节能耕作等，实现节肥、节药、节水、节能的目的。

4.1.5 企业成为农业应用性研究的主体

虽然各国政府在科技研究方面仍然发挥着主导作用，但是相关的企业在一些与近市场方面相关的研究中作用日益突出，如育种等。以农业生物技术公司为代表的跨国公司已经成为农业科技创新的中坚力量。

4.1.6 各国政府把农业科技创新作为国家重要战略

为了抢占现代农业科技制高点，主要发达国家把农业科技进步作为国家的重要战略，给予大力支持。各国政府通过完善法制建设、支持基础研究、补贴应用研究和试验发展、农业科技推广、建设基础设施、开展信息服务等措施，在农业科技发展中发挥着主导作用。

4.1.7 全球气候谈判影响世界农业发展

农业作为全球温室气体排放的主要源头之一，对全球气候产生了重要的影响，而且全球气候变暖对农业生产也会产生影响，这种影响以负面为主，所以说农业在应对气候变化中的地位特殊且重要，农业生产中主要为绿色植物，能够通过光合作用减排，成为应对全球气候变化的重要途径。随着农业议题逐步被纳入全球气候谈判议程，农业议题已被越来越多的国家纳入其应对气候变化战略，转变农业生产方式，加速世界农业向低碳转型，加大对农业应对气候变化的技术和资金支持强度，开展生物质能源、可再生能源等替代能源研究。但农业议题在全球气候谈判中地位的变化，将导致农业用地进一步减少，影响世界农业的生产和食物

保障。

4.2 各国农业科技创新的战略计划与重点

农业科研重点研究计划是技术供给的主要载体,世界农业发达国家基本都是通过规模化、战略性的重点研究计划来组织科研活动,实现农业生产前瞻性和急需技术的有效供给,促进农业生产的高效和快速发展。

4.2.1 美国

美国农业部农业研究局制定了《2012—2017 年美国农业研究的目标和战略计划》,明确了未来几年美国农业科技的主攻方向集中在"营养、食品安全与质量""畜禽生产与保护""自然资源与可持续农业系统""作物生产与保护"四大领域;涵盖19 个科技计划,包括"人类营养学""食品动物生产""水的供应和水资源管理""植物遗传资源、基因组学与遗传改良"等。未来,美国政府将通过增加农业研发投入和竞争性研究资助、建立农业研究"创新生态系统"、建立公私农业研究机构网络等措施,进一步提升美国农业研究在全球的领先地位。

4.2.2 加拿大

加拿大农业科技研究重点主要集中在作物研究、畜牧研究、资源研究、食品研究 4 个领域,在种子繁育、园艺技术、植物诊断、畜牧兽医、草原农业机械、农产品加工、农业生态环境保护等方面具有较高水平,其中作物种子繁育技术、家畜生产生物技术、土壤管理和保护技术对加拿大农业发展及世界农业发展作出了巨大贡献。根据加拿大农业及农业食品部发布的《农业科技发展战略目标与重点领域》,未来加拿大农业科技将围绕"提高农业生产力""提升环境效益""开发农产品的食用及非食用价值""应对农业与农产品供应链挑战"四大目标,在"饲料与牛肉""谷物与豆类作物""油料作物""园艺作物""畜禽动物""生物产品""加工农产品""农业生态系统生产力和健康""生物多样性与生物资源"9 个领域开展重点研究,强化农业科技研发和技术转移力度,提升加拿大农业科技水平和

农产品的国际竞争力。

4.2.3 欧盟

从1962年开始实施的共同农业政策（Common Agricultural Policy，CAP）是欧盟实施的第一项共同政策，也是欧盟最重要的共同政策之一，其重要目标就包括促进农业技术进步、提高农业劳动生产率和保护生态环境、保证食品安全。在农村发展项目中，促进农业、林业和农村地区的知识转移及创新，促进农场技术创新等与农业科技相关的内容被列入优先发展领域。2012年12月，欧盟发布了《信息技术与农业战略研究路线图》（ICT-AGRI Strategic Research Agenda），农业领域的信息通信技术发展已成为欧盟经济增长的重要力量。路线图提出当前农业领域面临的挑战及解决方案，其中最为核心的战略计划包括：精准农业（智能变量播撒，机械自动耕种）、精准畜牧业、室内环境自动控制系统、质量自动控制系统、农业机器人、农场管理和信息系统。2014年，欧盟正式发布了总预算近800亿欧元的"地平线2020"（Horizon 2020）计划。该计划包括"卓越科学"（excellent science）、"产业领导力"（industrial leadership）和"社会挑战"（societal challenge）三大战略优先领域和4项单列资助计划。卓越科学的众多研究领域与农业息息相关，如在生命科学研究领域，包括分子与结构生物学及生物化学，遗传学、基因组学、生物信息学及系统生物学，细胞及发育生物学，应用生物科学（包括畜牧、渔业、林业和食品科学，生物技术，遗传工程，环境工程等）等；在产业领导力领域，包括生物技术在内的使能技术；在社会挑战领域，包括食物安全、可持续农业、海洋海事和内陆水研究及生物经济。除了欧盟的农业科技计划，各成员国还会根据自身实际情况制定相应的农业科技发展政策及项目。

4.2.4 巴西

巴西确定了"以农立国"的可持续发展战略，主要依靠科技进步和提高生产效益来实现其农业产量的大幅增加。公益性和绿色农业成为巴西农业科技研究重点。巴西政府于2011年开始支持低碳农业，主要集中于免耕播种技术应用、废弃草场恢复利用、农林牧一体化、商业林木开发、生物固氮和动物排泄物再利用6个重点领域。此外，为确保食物保障，巴西制定了全球农业科技战略，

加强全球技术交流，提高巴西创新能力。1996年，巴西制定了全球农业科技战略计划，目前已与美国、法国、荷兰、加纳、英国、德国、中国、韩国、南非、委内瑞拉和巴拿马等建立联合实验室进行农业技术研究，并且不断与相关国际组织强化合作。

4.2.5 日本

2005年，日本正式通过了《食物、农业、农村基本计划》，这项计划以提高粮食自给率和农业竞争力为中心，制定2020年达到50%的农产品自给率；增强食品保障；对农业资源保护的重视；推进农业经营方式的改变作为日本今后农业政策的基本走向。

从2012年4月开始，农业部门开始实施政府为期5年的第三期中期目标，研究内容包括以下4个方面。一是为保障粮食稳定供应进行研发。针对日本国土狭小的现状，以构筑高自给率的粮食生产体系为目标，着重开发高产、抗病虫害的农作物品种、高集约度的轮种技术、支援轮种的高度机械化和信息技术、推进育苗基地完善及改进管理技术等。另外，农业部门也注重开发口蹄疫、禽流感等家畜家禽主要传染病的预防和诊断，以及防止病原菌、有害化学物质污染食品等与确保粮食稳定供应、食品安全密切相关的技术。二是研究全球性课题。包括地球温室效应对农业影响的预测，适应地球变暖的农业生产技术，以及控制温室气体排放和防止地球变暖的技术开发等。同时，日本农业部门还研究开发农耕地、畜产设施等二氧化碳的减排技术，致力于低碳、循环型农业的实现。三是研究开发新需求。开发强化食品保健功能成分的食物原材料、食品及具备地区特异性的高质量农畜产品、加工流通技术，创造农畜产品的新需求。四是研究如何活用地区资源。包括对维护水利设施、农村道路、苗圃等构成农业、农村基础性地区资源的管理技术，农村地区防灾减灾技术及防鸟兽灾害技术的研究。

作为亚洲生物技术研究的领先国家，日本成立了国家"生物技术战略会议"机构，制定了《生物技术战略大纲》，将生物技术研发纳入国家科技发展规划。在其主要科学技术计划和项目中，农业和食品安全也作为一个重要领域，设立了农业基因组研究项目，包括创新性转基因作物开发的相关研究和功能基因挖掘的相关研究。

4.2.6 印度

在2000年制定的印度国家农业政策中规定,要加强对生物资源的保护,研究和开发更有优势和性能的农作物新品种;要实行农业经济、技术和环境可持续发展;在全印建立一大批生物技术研究中心,争取在生物技术上有较大突破。2006年,印度推出《国家农业创新行动计划》,在农业多样性、畜牧与渔业、基因资源与生物技术、自然资源管理、有害生物综合管理、农产品加工、政策分析与市场信息等7个重点领域推动农业技术创新。2008年,印度出台了生物技术产业伙伴计划,促进生物技术在农业、医药等行业的应用与产业化。为应对全球气候变化,2008年印度还颁布了《国家气候变化行动计划》,特别提出了农业可持续发展计划。

4.2.7 以色列

根据郭久荣(2006)对以色列农业科技创新体系研究成果,以色列科研经费主要分为以下5类:第一类是首席科学家基金,资助对象为研究所和大学单个项目的自由申请;第二类是农场主以交纳消费税的方式提供的研究经费,主要用于资助经济效益比较明显、针对性较强的技术开放项目;第三类是国际基金;第四类是科技部与教育部的有关农业科研基金资助;第五类主要用于基础性研究。

以色列重视土壤改良、水资源的高效利用、与信息化结合的智能农业等领域的农业科技研究,其生物育种技术、沙漠温室、滴灌技术、生物综合防治技术、农产品的单产量及加工技术、农业机械及成套设备技术都已处于世界先进水平。近年来,农业首席科学家办公室主要关心的研究选题有:农业生物技术及其调控,动物和水产养殖产量,应对未来气候变化的威胁,经济、市场营销和农村发展政策,食品安全和质量,园艺和观赏性的分子生物学和常规育种,灌溉和水资源管理,市场驱动的农业新产品,有机农业,虫害管理,鲜活农产品储藏,农业可持续发展等。特别是农业生物技术方面,农业部、科技部、教育部等均设立生物技术研究基金。为了与现代信息社会接轨,以色列也十分注重利用农业信息技术,不断提高农业的现代化和自动化水平。

综上所述,世界农业从低效益、高污染、高资源依存型的传统农业向高效益、绿色低碳、高科技支撑型的现代农业转变。主要体现在以下几个方面。①科技型高

产农业：应对全球食物安全。②集约化高效农业：满足传统农业转型。③智能型低碳农业：应对全球气候变化。④工厂化基因农业：适应大众营养健康。⑤生物质能源农业：面对世界化石能源危机。⑥都市型生态农业：促进人与自然和谐相处。

第 5 章 非耕地资源替代耕地资源的重大科技需求

为了保障我国未来的食物供给，需要充分调节农业资源系统内部的土—水—肥—气及其他生产要素与植物生长的关系，使之处于协调状态，农业资源才会充分发挥其生产能力。

在一定的经济社会条件下，人类影响农业资源综合生产能力的作用是有限的，受到人类对作物生长机理认识的制约，也受到物质投入和农业科技进步水平的限制。随着经济社会发展和科技水平的提高，人类影响农业资源综合生产能力的作用将不断增大，从而使农业资源综合生产能力也将在未来不同时期得以提高。农业资源综合生产能力可以分为耕地资源的综合生产能力和非耕地资源的综合生产能力，主要包括耕地资源生产能力、草地资源生产能力、林地资源的木本粮油林生产能力、内陆水体的渔业生产能力及海洋资源的渔业生产能力。然而，自改革开放以来我国农业科技发展注重提高耕地资源的生产能力，而忽视了非耕地资源的协同发展，势必增大未来食物供给的保障压力。

5.1 海洋资源可持续生产的重大科技问题

海洋资源非常丰富，海洋鱼类产品对畜产品的替代将有力缓解食物消费结构转变导致的食物保障问题。我国有水深 200m 以内的大陆架 148 万 km^2；可供捕捞生产的渔场面积约 281 万 km^2（42 亿亩）。沿海潮间带滩涂面积为 186 万 km^2，10m 等深线的浅海面积为 733 万 km^2，以 15m 等深线计算，有浅海面积 1200 万 km^2。据国家海洋局统计，海洋中仅生物资源已有 20 多万种，其中动物 18 万种；全球海洋每年的初级生产力约为 1350 亿 t 有机碳，占整个地球生物生产力的 88%。海洋生物资源量之浩大，很重要的特点之一，就是其可再生性的能力很强，为人类对生物资源的可持续利用和发展，提供了极为有利的条件。有科学家曾预言，人类将来蛋白质的来源，80%以上有赖于海洋资源，而目前全球海产品的开发量只有 1 亿多吨，

海洋捕捞每年不过 6000 多万吨，绝大部分局限于浅海区域，不及世界海域可捕捞范围的 1/10，就是说，只占世界人口动物性蛋白质消费的 15%，可见海洋动植物资源开发的潜力还相当广阔。

海洋生物资源开发与利用，需根据不同的海洋生态特点，由海岸带向近海、远海依次进行。主要的技术需求包括滩涂盐生或耐盐植物开发技术、海洋生物品种培育与高效海水养殖技术、海洋生物精深加工技术、海洋远洋捕捞技术及其先进装备等。

5.1.1 滩涂盐生或耐盐植物开发技术

中国拥有漫长的海岸线，广阔的海岸带，盐生或耐盐植物资源十分丰富。这类植物由于其生境恶劣，生物量小，经济效益低，在过去漫长的历史岁月中一直未得到人们的足够重视。尽管耐盐植物的经济价值低，但其中也不乏具有较高开发利用价值的种类，例如，可供观赏和园林绿化的植物碱蓬、补血草、白麻、柽柳等；供医药应用的麻黄、罗布麻；可作优质饲料的碱茅；可作为纤维板、编织优质原料的柽柳等。对这些耐盐植物的开发利用不仅会产生良好的经济效益，而且对促进区域生态平衡和社会发展也将产生良好的作用。因此，随着资源短缺日益加剧和生态保护的迫切需要，选育和开发抗盐耐海水经济植物，充分利用海水和盐土资源、改善滩涂环境、提供绿色无污染产品，成为时代和社会的迫切需要。支撑本领域发展的核心关键技术如下：①盐生或耐盐植物的品种选育技术；②盐生或耐盐植物的滩涂种植技术；③盐生或耐盐植物的高值化利用技术。

5.1.2 海洋生物品种培育与高效海水养殖技术

海水养殖是现代农业的重要组成部分和海洋农业的核心产业。我国海水养殖产业规模大、发展速度快、养殖种类和方式多样，但当前存在着养殖技术水平相对较低、设施技术装备落后、病害监测与控制能力薄弱等重大问题。当前，创制一批具有国际先进水平的海水养殖设施与装备，开发高效、安全、经济、方便的新型渔用疫苗和生物安全渔药，实现优质高效、资源节约和环境友好的设施养殖成为海水养殖中的迫切需求。支撑本领域发展的核心关键技术如下：①鱼类、虾蟹类、贝类、海参和藻类等的遗传改良技术，包括传统杂交选育、分子标记辅助育种、细胞工程

育种等技术的应用；②海洋生物生殖调控技术、优质亲体和苗种培育技术及优良品种的快速繁育技术；③深水网箱成套装备及养殖技术；④工厂化海水养殖成套设备与养殖技术；⑤海域生态型设施养殖生态调控技术；⑥新型生物安全渔药、疫苗的研制。

5.1.3 海洋生物精深加工技术

我国以海洋食品为主的水产品加工产量超过 2000 万 t，成为世界上最大的海洋食品出口国之一。但我国海洋食品加工技术水平还不高，精深加工产品的比例较低，水产品加工利用率仅为 25%，其中冷冻食品粗加工就占 50%左右，而发达国家精深加工比例已达 70%。加快海洋生物精深加工技术的研发，其目的一方面是着力培育我国海洋生物产业链，夯实海洋经济的基础，为我国海洋经济发展、海洋环境保护和海洋安全提供最重要的物质支撑；另一方面是开发我国丰富的海洋生物资源，拓展新的食物空间，改善国民营养与健康，培育新兴产业，拓展农民生产空间。支撑本领域发展的核心关键技术如下：①海洋水产品调理技术；②海洋水产品冻干技术；③海洋生物精深加工装备研发。

5.1.4 海洋远洋捕捞技术及其先进装备

由于缺乏先进的渔业捕捞装备，致使我国近海生物资源过度捕捞，资源衰退现象十分严重。此外，我国在参与全球远洋渔业资源分配和远洋渔船配额管理中的话语权与我国海洋大国的地位极不相符，甚至不如太平洋、大西洋周边经济欠发达国家。因此，高端渔业捕捞装备将是国际渔业资源竞争的重要支撑和保障，将直接推动国内渔品冷藏、运输、包装、渔品深加工、销售方式等相关产业链的迅速发展，同时也将缓解近海渔业资源枯竭造成的海产品短缺。支撑本领域发展的核心关键技术如下：①海洋捕捞设备研发；②海洋捕捞监测设备研发；③海洋生物精深加工设备研发。

5.2 滩涂资源开发利用的重大科技问题

沿海盐碱荒地和滩涂资源可作为牧草或饲料的替代耕地。我国沿海地区有 3000 多

万亩盐碱荒地和滩涂,对其开发和利用需用海水灌溉,种植耐盐植物,因此培育既耐海水又具有经济价值的植物是关键,如此可有力缓解畜牧业发展导致草地退化的发展危机,也可缓解牧草业的发展对粮食用地的挤占。发展海水灌溉农业,在产生巨大经济效益的同时,更能带来无法估量的生态和社会效益,必将引发海洋和农业产业的新一轮革命。

沿海滩涂研究是一项庞大的系统工程,对其研究涉及多学科领域。何书金指出沿海滩涂研究分为基础研究和应用研究两个层次,基础研究包括滩涂基本概念、滩涂开发理论和滩涂动态演变三个方面,应用研究包括滩涂社会问题、经济问题和生态问题。

滩涂围垦开发相关研究总体来说应用研究的较多,基础研究还不够深入。支撑本领域发展的核心关键技术如下:①发展一套对滩涂围垦区分类、效益评价、优化决策等方面的系统理论;②重点研究滩涂围垦工程的新技术、新工艺;③开展滩涂围垦与滩涂湿地保护相互协调的研究;④滩涂围垦区围垦开发模式的生态学研究;⑤遥感技术(remote sensing,RS)、地理信息系统(geography information systems,GIS)和全球定位系统(global positioning systems,GPS)技术在滩涂围垦中的应用。

5.3 草原可持续饲用牧草生产的重大科技问题

我国是一个草原大国,拥有各类天然草原近 4 亿 hm^2,居世界第二位,约占全球草原面积的 13%,占我国国土面积的 41.7%,是耕地面积的 3.2 倍,森林面积的 2.5 倍。近年来我国牧草种植面积在逐年扩大,种植种类不断增加,但生态草面积大,供牲畜饲用的牧草面积小,且常含有杂草或发生霉变,供给量不稳定。此外,我国牧草良种研究和推广应用、栽培管理技术等方面与草产品市场需求还存在一定的差距,虽然开发生产了草粉、草捆、草颗粒等草产品,但许多产品还处在初级加工阶段,科技含量还比较低,不利于我国现代畜牧业的健康发展。未来要针对我国牧草育种技术基础薄弱、具有自主知识产权的牧草新品种缺乏、牧草新品种覆盖和利用率低、牧草新品种选育与利用严重滞后于草业发展需求、区域发展不平衡、牧草良种的产业化程度低等问题,要加强草业良种工程建设,建立健全草种质资源保护、品种选育、草种质量监管、草原防灾减灾等工程体系。从育种技术研究、新品种选育、丰产栽培技术、草产品的加工和贮藏技术、机械配套技术等关键技术问题及产业化两个层面,支撑本领域发展的核心关键技术如下:①开展牧草种质资源的收集

与创新，发掘牧草优异性状基因，扩大牧草育种的遗传基础；②通过远缘杂交、倍性育种、诱变及聚合育种等关键技术研究，提升我国牧草育种整体技术水平，加快牧草新品种选育进程，根据全国主要生态区域的牧草生产特点和需求，开展重要牧草新品种选育，创制一批具有自主知识产权的适合于我国不同生态类型区域的牧草新品种、新品系和优异种质材料，提高我国牧草良种的自给率和覆盖率；③开展良种繁育、种子与牧草产业化生产技术体系研究，推动我国牧草良种的产业化生产进程，促进我国牧草生产向稳产、高产、优质、高效方向发展；④利用现代科学技术手段，建立草原生态环境动态监测体系，依靠科技进步，提高草地生产力水平。

5.4 沙漠边缘地带蚕食开发策略的重大科技问题

21世纪全人类面临的最大挑战之一就是人与自然的和谐共存，防治荒漠化。我国也把沙漠和荒漠化问题作为环境治理的头等大事。全球荒漠化土地面积达3600万km^2，占到整个地球陆地面积的1/4，相当于俄罗斯、加拿大、中国和美国国土面积的总和。每年造成的经济损失达423亿美元。更为严重的是荒漠化的扩展速度惊人，全世界每年荒漠化面积要扩大5万～7万km^2。我国也是世界上荒漠化最严重的国家之一，荒漠化土地面积已达267.4万km^2，占国土面积的27.8%，近4亿人口受到沙漠化影响，占全世界受沙漠化和荒漠化困扰人口的40%。

虽然我国为治理土地沙漠化开展了大量工作，过去几十年里，国家对沙漠化防治工作投入了大量人力物力，但是由于科技支撑能力弱，缺乏先进的防沙治沙技术，适应于不同沙区的可持续发展模式少，多年沿袭传统技术，重大关键技术突破少，导致沙漠化的态势仍然是治理速度赶不上恶化速度，土地沙漠化和荒漠化形势依然十分严峻。长期以来，人们过度关注经济增长，忽视对环境的保护，投入相对不足，环境治理严重滞后。

防沙与治沙必须以保护为先，以防为主，以治为辅，防治结合。支撑本领域发展的核心关键技术如下。①大力发展生物隔离技术。应在沙漠前沿，尽快建起以灌木为主的防风阻沙生物隔离带，即采取蚕食的方略，逐渐缩小沙漠范围。在一些风口或流沙活动剧烈、直接恢复植被难度大的地段，应建立草方格、防沙栅栏等人工沙障，以及采用石土压砂、环丘造林、栽插风墙、封滩育林的办法堵塞风沙口，固定流沙，而后再恢复以灌木为主的灌草植被，形成防风阻沙隔离带，遏制沙漠的扩张并且还原绿洲。②研究以生物防治为主、工程措施为辅的综合治理技术。我国西

部沙区地域辽阔,气候等自然条件差异极大。在西部大开发中,必须因地施策、因地制宜,以生物防治为主,且应宜乔则乔、宜灌则灌、宜草则草,乔、灌、草结合,科研人员要打破乡村界限,统一规划,分步实施,实行乔、灌、草和带、片、网结合,大规模开展林草工程建设。同时研究气候与土壤参数,培育出避灾、高产、抗逆、耐旱的中药材、小杂粮等新品种,穿插播进乔、灌、草、片、带、网防护林带区域。结合沙障工程措施实施综合治理。③研究草原综合开发的技术,立足于草场保护,在保护中求畜牧业发展。在我国广袤的西部地区,因过度放牧而使草地退化是沙化土地不断扩展的重要原因之一。在西部大开发中,务必处理好畜牧业发展与草场保护的关系。在某些地区可发展以柠条为主的灌木林。这类灌木林除了能起到防风固沙和保护草场的作用外,还可成为牲畜的饲料。④加强沙区产业化关键技术的研究,沙区治理要向沙区产业化方向发展。早在改革开放初期,我国著名科学家钱学森教授就首次提出了"沙产业"(deserticulture)这个词。就沙区适宜发展的主要产业来看,沙产业应包括如下几个方面。沙区植物方面的开发利用,a. 经济植物方面的开发利用,如葡萄、沙棘、沙芥(亦名山野菜)、沙参、黑加仑等系列产品的开发与产业化;b. 药用植物方面的开发利用,如肉苁蓉、麻黄草、甘草、苦豆子、仙人掌等人工栽培种植技术及中药产品产业化开发技术;c. 木质方面的开发利用,如沙柳、柠条等灌木是防风固沙的先锋树种,又是优质牧草和饲料。沙生灌木也是木质纤维的储藏库,利用其生产纤维原料,是使沙生灌木增值的重要途径。故在沙区产业中,可以开发沙生灌木的高效节能制浆、中密度纤维板的成型制板、中密度纤维板的表面装饰等技术并促成其产业化。此外,牧草和饲用灌木的加工,也将会成为有前途的产业。新材料的创新与开发利用,如保水剂(TC、SPA)、释水剂(DRIWATER)等技术的引进与本土化工艺;沥青乳液、液态薄膜等固沙新材料及其产业化;天然环保型生根材料(ABT、菌根菌、BIOALGEAN)的开发与产业化等。设施产业的开发与可持续经营,设施农业,包括特色蔬菜、食用菌、观光农业等;设施林业,包括苗木、观光花卉等;设施牧业,包括一定规模的饲养牛羊等。要加强对沙生植物的抗旱性基因研究,加快发展沙培、水培等现代农业的速度,并应把这看成是解决沙区人民生活与生产问题的重要途径。

第 6 章　耕地资源可持续利用的重大科技需求

"民以食为天",作为粮食生产载体的耕地是人类赖以生存和发展的基础性自然资源。我国耕地资源现存的主要问题有以下几个方面。①耕地在我国的区域分布不均,而且优质耕地少,污染退化严重,形成了北多南少、西多东少的格局。②耕地相对数量少,后备资源不足,我国人均土地面积仅为世界平均水平的 1/3,人均耕地面积约 1.1 亩,仅为美国的 1/10,由于中国农业历史悠久,如今可供开发的后备耕地资源很少(约 2 亿亩),且大部分集中于北纬 35°以北地区,开垦难度较高。③占地用地现象持续增长,耕地数量持续下降。人口增长,经济高速发展,直接导致了耕地面积缩小。④耕地肥力降低,粮食生产潜力有限。由于我国耕地过度开发、大量不合理地施用化肥,消减了土壤养分,降低了土地有机质肥力。⑤耕地退化,生态破坏严重。耕地水土流失,土地沙漠化、盐渍化严重,工业废弃污染导致了耕地质量严重下降。

要保障粮食供给和生态环境安全,我们只有及时地掌握土壤质量的现状和动态变化,大力发展现代农业技术,对土壤进行精准管理,实现生产和环境的平衡,达到可持续利用的目的。

6.1　破解提高耕地效益的重大科技需求

6.1.1　选育突破性品种,发展种业的科技需求

种子是农业科技的载体,是决定农作物产量和质量的根本;种子是价值链的起点,对种植业、农产品加工、食品加工等诸多产业形成了不同程度的影响,具有重要的地位。我国农作物品种很长一段时间由国家农业科研机构主导,应用研究和基础研究定位不清晰,两手都抓却两手都不强,导致市场化育种创新不足。我国种子市场规模已由 2000 年的 250 亿元增加到目前的近 1000 亿元,成为继美国之后的全球第二大种子市场。国内种子行业过于分散,集中度低,缺乏自身科技创新能力,导致国际竞争能力弱。因此,如何发挥农业科研机构的基础性作用和种子企业的市

场导向作用，选育具有突破性的品种势在必行。

选育突破性品种，发展种业的科技需求包括农作物种质资源搜集、保护、鉴定、评价、利用和重要功能基因发掘，培育品质、抗性、适应性、耐密性、适宜机械作业等综合性状优良的突破性新品种。

首先要加强种业基础性公益性研究，开展农作物种质资源搜集、保护、鉴定、评价、利用和重要功能基因发掘，依法实现种质资源共享，加强现代育种理论方法和种子生产、加工储藏、质量检测、品种鉴定、信息管理等关键技术研究，加强常规作物和无性繁殖作物的品种选育及应用技术研发。其次构建商业化育种体系。以企业为主体，以杂种作物育种为突破，实施差别化扶持措施，突出培育"育繁推一体化"种业企业，推动具备发展潜力的种业企业优先发展，引进应用生物育种技术，开展分子标记辅助育种、单双倍体诱导育种，进行新的种质资源引进、创制、改良，提高常规育种效率，提升生物育种水平，增强企业的创新能力，尽快育成品质、抗性、适应性、耐密性、适宜机械作业等综合性状优良的突破性新品种。

6.1.2 有效合理利用耕地资源优化作物布局、间套作复种制度的科技需求

针对间套作研究和应用中存在的问题，研究的原则思路是"两优先，两结合"，即优先解决生产应用问题，辅以相应的应用性基础研究；优先研究主体模式，辅以各区域特色模式研究；产业体系内与产业体系外相结合；试验研究与示范推广相结合，从而快速推进间套作的发展。今后研究的重点是选育适合间套作的高产品种、优化间套作复合群体结构、研究间套作的施肥技术、研发间套作的播种、管理和收获机械、研究间套作条件下的病虫草害发生规律及防治措施。

同时，科研单位要全力与地方农业部门协作，开展间套作的技术培训和高产创建试验示范。此外，深入研究提高间套作光能利用的基础理论，进而提高复种指数和光能利用率，对促进间套作大豆的可持续发展也具有重要意义。

6.1.3 作物生长监测调控，实现品种潜力的科技需求

目前我国优良品种的潜力还没有充分发挥，关键是配套技术不完善，技术到位

率低。品种创新成果若要快速转化为实际生产力，提高农业生产效率，就必须要有一个高效的作物生长监测调控体系，挖掘品种的潜在生产力。大多数常规品种和杂交品种，其潜力产量均高于实际产量，这种差距可以分为三个组分：第一差距为理论产量潜力与实验室试验的品种产量之间的产量差距；第二差距为实验室产量与区域试验产量之间的差距，它主要来自于环境和技术操作的差异，这些因素是非转移性的，只能在实验室可以达到，通过经济手段也难以达到；第三差距是区域试验产量与田间实际产量之间的差距，它主要由不同的管理措施，如农户投入不足，田间管理能力不高或者栽培技术欠缺等因素。因此，解决实时监测作物的生长、产量和品质状况的技术需求，有利于达到作物精确管理的目的，实现作物的品种潜力。

因此，以现代信息技术和农业科学为依托，利用遥感技术和作物生长模型，建立农作物生长动态监测与定量评价系统，提出作物长势监测、影响评价与预评估技术体系与业务流程，充分发挥现有品种潜力，涉及的前沿关键技术包括：农业生产知识库构建技术、植物环境因素监测控制技术、植物生长发育模拟模型技术、作物病虫害智能诊断技术、作物灌溉智能计划技术、农业专家系统构建技术、土壤信息智能分析技术、作物墒情苗情动态监测预警技术等。

6.1.4 作物病虫害检测治理，挖掘品种潜力的科技需求

目前，我国粮食产量实现"十二连增"后产量基数已经很高，各种支撑要素已经绷得很紧，继续增产的压力日益增大。而且，随着全球气候变化、耕作制度变革，我国病虫害灾变规律发生了新变化，一些常发性重大病虫发生范围扩大、危害程度不断加重，一些偶发性病虫暴发频率增加。建设现代植保，全面增强防控能力，有效控制病虫灾害，是挖掘品种潜力，保障国家食物安全，促进现代农业发展的关键措施。该领域的科技需求包括：病虫害持续治理的前沿科技与共性技术；解决迁飞性、流行性、暴发性及新发病虫的防控关键技术与集成应用；利用物联网、互联网技术，构建数字化监测预警平台，实现病虫害远程诊断、实时监测、早期预警和应急防治指挥调度的网络化管理；强化重大病虫应急防控的分类指导等。

首先，要大力推进病虫害检测治理的科技创新与应用。密切关注国际植保科技前沿，加强病虫发生流行规律、暴发成灾机理等基础理论研究及病虫分子诊断、植物疫苗、植保互联网等高新技术的研发，着力解决病虫害持续治理的前沿科技与共

性技术等问题。要紧密结合国内生产实际，加强主要粮食作物和优势经济作物重大病虫害监测预警、生物防治、生态调控、高效器械和环境友好型药剂的研发，着力解决迁飞性、流行性、暴发性及新发病虫的防控关键技术与集成应用问题。关注农产品质量安全的需要，加强农药减量使用、安全使用、风险控制等配套技术的研究和推广应用，着力解决农药不合理使用造成的残留超标和面源污染问题。其次，大力加强重大病虫监测预警。要加强基础设施建设，改善监测手段，加快构建以县级区域站为骨干，以主产乡镇为基点，覆盖病虫害发生源头区、孳生区和粮食主产区的病虫害监测网络体系。充分利用物联网、互联网技术，构建数字化监测预警平台，实现病虫害远程诊断、实时监测、早期预警和应急防治指挥调度的网络化管理。特别是在重大迁飞性害虫的源头区、迁飞通道和重点发生区，要探索建立雷达监测网；在流行性病害的源头区和关键流行区，要探索建立高光谱传感和卫星遥感监测网，把这两个网和地面监测网相结合形成立体性、多元化、综合性的监测预警体系。要学习借鉴气象预报系统在软件研究、硬件投入和整个组织体系建立方面的经验和好的做法。再次，大力加强重大病虫应急防控。要强化重大病虫应急防控的分类指导，对蝗虫、黏虫、水稻"两迁"害虫、小麦条锈病等远距离迁飞流行性病虫害，要加强区域间的协同响应，开展联合监测、联防联控，严防病虫转场危害，确保不造成跨区域暴发成灾；对赤霉病等要抓住最佳防控时机，落实关键防控措施，确保区域内品种不受到严重危害。

6.1.5 作物生产全程机械化的科技问题

农业部提出，到 2020 年，主要农作物耕种收综合机械化水平超过 65%，粮食作物生产基本实现机械化；棉油糖等作物田间机械化水平大幅度提高，养殖业、林果业、渔业、设施农业及农产品初加工机械化协调推进。同时具体实施过程中，对不同作业环节，不同作业区域，提出了不同科技问题，一方面，作物生产全程机械化，包括耕、种、管、收和贮各个环节的机械化，以及要不断提高机械操作的自动化、智能化水平。另一方面，分地区发展不同类型的耕作机械，解决其中包括大平原区域的大型机械化、平原地区的中型机械化、平原水网区域的小型机械化、丘陵山区的小型机械化、设施农业的小型机电化、间套作移栽的机械化等科技需求。农机社会化服务广泛开展，对农业持续稳定发展的服务能力进一步增强。

6.1.6 农业副产物循环利用的科技问题

农业废弃物主要指农作物秸秆和畜禽粪便。我国 2012 年粮食总产量接近 5.9 亿 t，伴生的农作物秸秆高达 7 亿 t。长期以来，各地农村普遍对秸秆进行焚烧处理。据粗略统计，全国焚烧的秸秆约占总储量的 30%，由此带来严重的空气污染。秸秆的综合处理也就成了一个重要而又困难的问题。这些废弃物既是宝贵的资源，又是严重污染源，若不经妥善处理进入环境，将会造成环境污染和生态恶化。目前，这部分资源破坏和浪费的情况十分严重，只有小部分得到有效利用。如何充分有效地利用农业废弃物，不仅对合理利用农业生产与生活资源、减少环境污染、改善农村生态环境具有十分重要的意义，而且在世界能源日益枯竭的情况下，农业废弃物作为一种资源，它的综合利用及其资源化方面的研究也将对人类的生存产生重大影响。

研究农业副产物利用微生物转化为生物饲料的主要技术需求包括以下几个方面。①面广量大的秸秆处理技术，如秸秆发电的新能源开发，作为粗饲料喂养家畜，以及造纸等工业化生产技术。②大宗副产物的微生物处理技术，利用微生物处理难以利用的大宗饲料原料，如青贮饲料，提高饲料的适口性，提高消化率及营养价值等。③秸秆纤维素等糖类资源利用微生物本身及其有益的发酵产物作饲料添加剂技术等。利用广泛存在的秸秆纤维素、糖类资源与其他农作物废弃物生产菌体蛋白，如饲料酵母、固态菌体蛋白、食用菌菌丝体、白地霉和微型藻类，然后配制成各种预混饲料；利用微生物本身及其有益的发酵产物作饲料添加剂，如发酵生产维生素、氨基酸、酶、微生物促长剂和各种微生态制剂等，将其添加到各种饲料中，达到某种养殖目的。

6.2 破解资源约束型农业科技难题提高耕地利用效率的重大科技需求

破除资源约束型农业科技的支撑难题主要包括破解土地资源短缺的技术支撑；破解水资源约束的技术支撑；开辟食品与资源利用新领域的技术支撑。

6.2.1 农业区域中低产田治理技术的重大需求

耕地资源质量退化严重是土壤改良技术创新的现实背景。目前，我国农业生产过程中的农药、化肥使用过量，我国的农业低产田面积广大，分布广泛。特别是一些涝洼地、盐碱地、风沙干旱地、水土流失地，以及南方红壤贫瘠地等，都成为农业低产田之所在。以黑龙江为例，连年增高的化肥使用量、"高产"的农作物结构调整和风沙侵蚀逐渐威胁"北大仓"，黑土地有机质含量最高下降了70%、黑土层厚度减少了近一半。

中低产田的理论增产潜力空间较大。从耕地供给来看，虽然我国提出了严格的耕地保护制度和耕地总量动态平衡制度，但随着城镇化水平的提高，未来耕地面积减少将是一种不可避免的长期趋势，这种趋势只能减缓而不能遏制。我国现实中低产田面积合计约占全国耕地总面积的65.08%。其理论增产潜力为现实产出能力的2.97倍，因此，如何改造我国中低产田，促进粮食单产有较大幅度的提高，是一个重要课题。该领域的科技需求包括：环境体系建设、区域水资源开发综合利用技术，农田基本水利工程与管理技术，农田精准施肥土壤改良技术，作物栽培耕作新技术及农业机械化等综合治理与利用中低产田的技术措施。

6.2.2 西北旱区水资源利用与节水技术的重大需求

农田节水与旱作农业技术是缓解西北旱区水资源紧缺、提高水资源利用效率，促进农业节水增效的根本措施，也是提升农业综合生产能力，保护生态环境，促进农业可持续发展的根本保障。我国旱区耕地面积大，约10亿亩，占全国耕地面积一半以上。旱作农区大多有充足的光温资源，可实现的粮食生产能力高，旱作农田在我国粮食生产中占有较高地位，大约85%的小麦和90%以上的玉米和薯类是在旱地种植生产的。但是，旱作区受灌溉条件约束，自然降水少，旱作农田多为望天收，产量较低，旱作农区耕地资源远没有发挥出其应有的生产潜力。因此，可以通过节水灌溉和旱作农业技术的创新发挥旱作区的生产潜力。

今后我国水资源利用与节水农业技术重点包括以下几个方面。①重点研究非常规水资源利用技术，农田土壤保水、精细地面灌溉、农田水肥精量调控及非充分灌

溉调控等技术和设施设备。②重点挖掘作物抗旱、耐旱、资源高效利用基因，培育抗旱节水作物新品种，研究适应不同作物、不同地区的非充分灌溉技术及其灌溉制度、化学抗旱节水技术等。③研究抗旱节水的中小型机具与设备、抗旱节水生化制剂、可降解生物材料等。

6.2.3 南方丘陵山区的坡地利用技术的重大需求

我国丘陵山区约占国土面积的 2/3，而粮食产量占全国总产量的 1/3，经济和特色作物产量占全国总产量的 50%以上。随着国家城镇化的深入推进，丘陵山区劳动力由农村向城市大量转移已成必然趋势，丘陵山区适龄劳动力季节性短缺矛盾日益突出，劳动力成本迅速上升。今后该区域的农业科技需求包括：丘陵山地小型农机具和配套装备技术，适合于丘陵山区种植的杂粮、果树、林木新品种培育，适于作物间套作耐阴品种培育和配套栽培技术及丘陵坡地水土流失、集约节约综合利用技术等。

6.3 破解非生物逆境干扰食物生产可持续性的重大科技需求

6.3.1 应对气象灾害的科技需求问题

我国是一个多种灾害类型频繁发生的国家，特别是农业干旱、洪涝、低温、干热风等突发性重大自然灾害严重威胁着我国的食物安全和农业可持续发展。据统计，一般灾年，全国农作物受灾面积就达 4666.7 万 hm^2，约占总播种面积的 1/3，因灾损失粮食 500 多亿千克。

因此，需要从国家层面鼓励多学科的协同创新，通过农业灾害监测新技术和检测设备的研发，建立重大自然灾害的预警监测体系；通过防灾减灾新技术，实现农业重大自然灾害防、抗、避、减技术和措施的一体化，同时培育相应的耐受气象灾害的广适性品种，形成我国农业防灾减灾的综合技术体系。

6.3.2 应对土壤污染的科技需求问题

为了提高农产品产量以保障食物供给,我国每年都要使用大量的化学农药。2015年1~12月,我国累计生产化学农药374万t,比2014年同期上涨了2.3%,单位面积化学农药的平均用量比世界发达国家高2.5~5倍,每年遭受残留农药污染的作物面积超过10亿亩,农村面源污染严重,土壤重金属超标。化学农药的滥用引发的农药残留问题,使得人畜中毒事件时常发生,也对生态环境造成了很严重的破坏。因此,应对土壤污染问题,首先发展降低、分解土壤污染物的技术,其次研究高效低毒农药、化肥或取代其的生物防治技术,最后要挖掘耐重金属污染基因,培育耐受土壤污染的农作物品种显得尤为重要。

第 7 章　应对重大科技需求的科技发展规划

为了解决上述非耕地替代和耕地资源可持续利用的重大科技需求问题，实现农业科技支撑可持续发展的国家总体目标，拟考虑制定以下八大重大科技发展规划。

7.1　国家种植业产品供需和产业布局的动态监测与调控研究规划

作为全国农业和食物生产的组织者，必须要有专门机构和成员去系统研究近期和中长期农业和食物生产的布局和调控。种植业产品区域布局是一个具有广泛内涵和实际操作内容的系统工程，涉及面广，综合性强，不仅涉及农业内部，还涉及农业外部的诸多领域；不仅要考虑当前一个时期的发展速度，还要谋求长远的可持续发展，要将国际农业兴衰对我国的牵连效应考虑在内。

有重点地进行科研开发，加快引进、选育和推广优良品种，加速品种更新换代。大力推进优良种苗的育、繁、产、加、销一体化，把种业当作推动优势农产品发展的先导产业。适应形势发展需要，深入实施优势农产品区域布局规划，积极推进产业集聚和提升，形成一批优势突出、布局合理、协调发展的优势产业带。改善农情调度装备条件，强化信息采集、传输、储存手段，运用现代信息技术，拓展信息渠道，丰富调度内容，完善管理制度，稳定专业队伍，提升人员素质，全面提高农情工作的信息化、专业化、制度化和系统化水平。力争到 2015 年建成卫星遥感与地面调查相结合、定点监测与抽样调查相衔接、县级以上农情信息员为主体、乡村农技人员为基础的现代农情信息体系。建立健全蔬菜、水果等园艺产品生产和市场信息监测体系，完善农产品供求和价格信息发布制度，提高农产品供求信息服务水平。

7.2 全世界农作物基因资源的搜集、解析及重要基因的发掘与研究规划

种业是农业的根本，种业发展依赖于农作物基因资源的丰富程度。虽然我国地大物博，有着丰富的基因资源，但是世界资源更为丰富，应该为我所用。所以要在收集全世界农作物基因资源的基础上，发掘潜力基因，用于我国育种的突破。

围绕农学和生物学中农作物基因资源和新基因发掘的理论基础与技术创新，作物重要性状形成的分子基础及功能途径，以及作物品种分子设计的理论基础与技术体系三大主要科学问题，重点开展水稻、小麦、玉米、大豆、棉花等主要农作物基因资源鉴定、重要性状新基因发掘、功能基因组学研究、种质和亲本材料创新与分子育种。充分发挥我国农作物种质资源优势，应用作物遗传学、基因组学、生物信息学等多学科的理论和方法，构建大规模新基因发掘、种质创新与育种技术体系，进而发掘和克隆重要性状基因，创制新种质和育种新材料，培育超高产优质抗逆高效新品种。

围绕作物优异基因资源的发掘与基因组研究、作物的比较基因组研究、杂种优势比较遗传研究、作物抗逆性状相关基因的功能和表达调控机理研究、农作物重大病虫害成灾机理及调控以及植物基因安全转化体系关键技术研究。在此基础上，发现和利用产量相关的关键基因，挖掘作物产量遗传潜力，从而提出突破产量潜力的新的育种途径和方法。开展高产育种的分子设计理论研究，为我国玉米、水稻、小麦、大豆等主要农作物高产育种提供理论支撑。

7.3 我国农区光温资源有效利用的合理生态结构研究规划

充分利用农业生态系统的空间结构和时间结构，规划完善的全国耕作栽培制度。在农业生态系统的垂直结构应用上，注重生物与环境组分合理搭配利用，从而最大限度地利用光、热、水等自然资源，以提高生产力。同时注重农业生态系统的时间结构规划，在安排农业生产及品种的种养季节时，着重考虑如何使生物需要符合自然资源变化的规律，充分利用资源、发挥生物的优势，提高其生产力。使外界投入物质和能量与作物的生长发育紧密协调。

目前作物利用太阳光的效率是相当低的，总的来讲不到 1%，生长旺季还不到 5%。但从光合作用本身的效率来看，理论上计算可达 25%～35%。因此，今后通过各种手段提高光能利用率从而提高农业产量，是农业生产和科研工作的一项重要任务。要充分利用现代育种技术手段，选育出高光合效率的高产品种。加强高光效种质资源鉴定、收集、优异基因挖掘等基础研究，通过采用 C3 与 C4 作物或植物之间远缘杂交、细胞融合、叶绿体和基因移植等技术措施，使 C4 作物的高光合基因导入 C3 作物，将高光呼吸作物品种改造为低光呼吸作物品种，是育成高光效农作物品种最为有效的途径。此外，还需充分利用农业生态系统的空间结构和时间结构，建立完善的耕作栽培制度。农业生态系统的空间结构规划：农作物、人工林、果园、牧场、水面是农业生态系统平面结构的第一层次，然后是在此基础上各业内部的平面结构，如农作物中的粮、棉、油、麻、糖等作物。在农业生态系统的垂直结构应用上，注重将生物与环境组分合理地搭配利用，从而最大限度地利用光、热、水等自然资源，以提高生产力。农业生态系统的时间结构规划：在安排农业生产及品种的种养季节时，着重考虑如何使生物需要符合自然资源变化的规律，充分利用资源、发挥生物的优势，提高其生产力。使外界投入物质和能量与作物的生长发育紧密协调。

7.4 我国作物生产和研究的机械化、电气化、自动化、信息化设施设备的研究规划

注重在东北地区发展大型农机设备、黄淮地区发展大中型农机设备、南方丘陵地区发展小型适合间套作的农机设备。并在此基础上向电气化、自动化、信息化扩展。到 2020 年中国农业机械化发展总体将进入高级阶段，农作物耕种收综合机械化水平将达到 70%左右，小麦、玉米、水稻、大豆等主要粮食作物生产将基本实现劳动过程机械化。同时，研究如何提高农业生产机械的电气化、自动化水平。在东北地区发展大型农机设备、黄淮地区发展大中型农机设备、南方丘陵地区发展小型适合间套作的农机设备。配套研究适合于机械化的栽培新模式和专用品种。

7.5 我国农作物秸秆和废弃物利用技术的研究规划

秸秆和废弃物的优质部分作为光合作用的产物有可能作为饲料添加剂,变废为宝。充分利用 18 亿亩耕地的副产物,这也应该作为攻关项目去突破。

我国粮食年均产量超过 6 亿 t,养殖业用粮需求 2.5 亿 t 左右,到 2020 年饲料用粮将达到粮食总产量的 57%左右,所以必须扩大饲料来源,开发秸秆综合利用技术,使用秸秆压块、生物秸秆蛋白饲料,提高秸秆的营养价值和可消化性,解决"人畜争粮"的现实问题。农作物秸秆综合利用不仅可以增加农业附加值而且也符合节约资源保护生态环境的需要,更可以促进农业增效、农民增收,是实现农业循环的有效途径。

7.6 我国海洋饲料资源的发掘与产业发展研究规划

充分利用我国广袤的海域和国际公海发展海产品饲料,这需要有总体设计和研究投入。遵循科学发展观和构建和谐社会的重要思想,以科技创新和体制创新为动力,进一步增强海洋科技创新能力。开展贝类、藻类、低值鱼类转化增值及综合开发关键技术、海洋生物活性物质及天然产物的开发利用、建立安全环保饲料产业技术体系、开展海洋海产品废弃物开发利用等渔业持续发展的研究。

7.7 我国草原修复、拓展和饲料牧草产业发展研究规划

牧草产业前景广阔,加快转变节粮型畜牧业的发展方式,加大牧草资源开发利用力度,培育优良牧草品种,研究相应的配套栽培技术,不与人争粮、不与粮争地。

我国紫花苜蓿和类似紫花苜蓿的其他牧草的年干物质产量仅占未来需求的 5%,再加上韩国、日本都想从我国进口优质牧草,以及当今世界主要苜蓿产品消费市场的大多数伊斯兰国家都有可能成为我国牧草的潜在市场。可以说,牧草产业前景广阔。加快转变节粮型畜牧业发展方式,加大牧草和秸秆等饲草料资源的开发利用力度,培育优良牧草品种,研究相应的配套栽培技术,大力发展节粮畜牧业,做到"节粮型畜牧业发展不与人争粮、不与粮争地"。注重生态环境保护,大力推广农牧结合

的生态养殖方式，积极推进清洁生产，促进节粮型畜牧业持续健康发展。

7.8 我国滩涂资源开发利用与沙漠治理研究规划

要制订我国滩涂资源的形成与开发利用规划，实行"先规划后围垦、先定位后建设、先试点后推广"的开发方针，高起点、高标准、高质量推进沿海滩涂围垦综合开发。

首先在对现有沿海滩涂植物资源调查分析和耐盐植物新品种选育基础上，大力发展堤外原生湿地加速滩涂淤积关键技术、垦区海堤生态重构关键技术及垦区堤内湿地生态建设等关键技术，并对其进行集成示范，为我国沿海滩涂围垦与开发利用提供技术支撑。

其次大力发展规模高效农业、海产品精深加工、生物医药、船舶修造、新能源及湿地旅游等产业，适时发展石化等临港产业，建设低碳经济区和生态滨海新城。大力发展水产品和畜禽产品深加工、水产品批发市场、新能源与特种水产品养殖及耐盐特种经济作物种植等产业。重点发展高效设施渔业、农业种植业、农产品及水产品深加工等，加强苏台合作，建设现代高效农业园区；集成科技资源，共同建设耐盐植物研究试验基地；积极发展休闲度假旅游。

关于沙漠治理，以往主要着眼于沙漠外的防护林阻挡，现在已经着手从沙源上考虑根本性的沙漠治理。新疆麦盖提县在塔克拉玛干沙漠边缘建设的百万亩防风固沙生态林工程和宁夏中卫市在腾格里沙漠边缘建设的万亩光伏工程提供了从沙漠边缘蚕食治理的典型。

麦盖提县的百万亩防风固沙生态林工程的主要环节包括推土机平沙丘，地下淡水勘测与钻井抽水滴管，耐旱物种胡杨、红柳等的优选，以及落实栽培管理措施与责任。如果能对沙漠地区进行地下水资源的勘测和安排相应的资金，也许能从源头上治理风沙问题，这需要有大胆的研究和开发规划。

腾格里沙漠万亩光伏工程的实施中发现原来寸草不生的沙漠在光伏架下长出了绿草。说明沙漠中存有可发芽的种子，遮阴条件下沙漠可先在光伏架下长草，然后再进一步治理。

从长远出发规划滩涂资源的开发和沙漠边缘的蚕食治理应该从眼下开始。

下 篇

支撑重大农业科技发展的体制机制研究

上篇分析了我国农业科技的重大需求,提出了重大农业科技规划和重大工程。要保证农业科技重大需求有部门关注、重大农业科技规划和工程有效实施、应用技术有效组装和应用,必须要有相应的体制机制保障。下篇主要分析现有农业科技体制机制的形成及其对农业科技发展的障碍,借鉴发达国家的经验,提出适应新时期强化农业科技支撑作用要求的体制机制改革建议。

第 8 章 我国农业科技体制改革历程与现状

农业科技体制是指从事对农业科学技术的机构设置、管理研究、职责范围、权利义务关系的一整套国家层面的结构体系和制度设置。我国原有农业科技体制是在计划经济体制下逐步形成的,包括农业科研体系和农业推广体系两大部分,其中前者又涵盖了相对独立的农业研究机构和农业教育机构。改革开放后经过多次改革,逐步形成了目前的农业科技体制。

8.1 我国农业科研体系改革历程

8.1.1 农业科研体系的恢复发展

改革开放三十多年来,伴随着经济、社会的发展,我国农业科技体制发生了天翻地覆的变化。1978 年,中共中央十一届三中全会拉开了改革开放的帷幕,《中共中央关于科学技术体制改革的决定》的公布标志着中国科技体制改革的开始。1978 年 3 月全国科学大会的召开迎来了科学的"春天",之后全国农业科技和农业教育的建制接连恢复,新建了一批农业科研机构。同年 12 月,中国农业科学院迁到外地的研究所全数搬回北京,下放给地方管理的研究所收回实行以部为主的领导体制,完全恢复了中国农业科学院的原有建制,各省、自治区、直辖市农业科学院和其他专业研究机构也恢复了建制或着手新建工作。1980 年 8 月,农业部和国家农委共同发出《关于加强农业科研工作的意见》,该文件对部属、省级、地市级、农业高校及其他农业科研机构的工作作出了明确指导意见。经过几年建设,初步形成了中央和地方两级管理的门类齐全的农业科研体系(唐旭斌,2010)。1983 年,国务院在《国务院关于科技人员合理流动的若干规定》中指出,当前,我国科技队伍的分布和结构很不合理,为了确保国家重点建设项目和重大科技攻关任务的完成,振兴经济,实现四个现代化,必须改善对科技人员的管理和使用。1984 年国务院、中央军委批转国务院科技领导小组办公室等部门在《关于稳定和加强国防科技工业三线艰苦地区科技队伍的若干政策问题的报告》中规定,各地区、各部门不得到三线艰苦地区科

研、生产、教学单位招聘科技人员，那里的科技人才流动要有领导、有计划、有组织地进行。至1985年，经过几年的调整建设，农林系统已初步形成了基本按照自然区划和经济特点设置的、由中央和地方两级管理的农业科学研究体系。到1985年，全国农、林、牧、渔、农机化科研单位共1428个，比1979年的597个约增长了1.4倍。按行业划分，其中农业637个，林业259个，牧业115个，水产119个，农垦61个，农机化237个。按层次划分，其中部属一级95个，省一级492个。中国农业科学院经过整顿建设，已成为农业科研系统中专业较全、实力较强、以农牧业为主的综合性研究机构，拥有研究所、中心室34个，分布在14个省、自治区、直辖市（朱世桂，2012）。

8.1.2 农业科研体系改革探索

伴随着体制方面的改革，农业科研单位本身也开始积极探索自身体系的机制改革，寻求农业科技成果市场化以促进农业科技与经济相结合。1985年颁布的《中共中央关于科学技术体制改革的决定》指引着整个农业科研体系全方位的变革。全国各级农业科研机构引进市场机制和竞争机制，推行各种形式的承包责任制试点，开拓市场，加快技术成果商品化，探索新的劳动人事制度和分配制度。1988年国家科委、财政部、人事部、国家税务局在《关于深化改革科研单位事业费拨款和收益分配制度的意见》中提出：科学技术工作一方面要搞好基础理论研究；事业费完全自立的技术开发类型科研单位，实行经费长期自理、自主使用；事业费部分自立的技术开发类型科研单位，实行奖励福利基金提取比例与减拨事业费幅度挂钩；对事业费部分自立和完全自立的科研单位，国家根据其减拨事业费的程度，给予相应的专项奖励等建议。1992年《国务院关于发展高产优质高效农业的决定》提出："农业科研、教育和技术推广要尽快转到以发展高产优质高效农业为主的轨道上来，加快农业高新技术开发及其产业化""各地要制定相应的政策措施，鼓励农业科研单位和科技人员进入农业和农村商品经济发展的主战场，同时在资金等方面增加对科技的投入"。1993年《中国科学院机关机构编制方案》提出："适应我国由计划经济体制向社会主义市场经济体制的转变；适应中国科学院由以研究工作为主的管理体制向一院两种运行机制的转变。转变职能的主要内容是：弱化对院属各研究单位的具体管理事务，增强其独立法人地位，强化对院属研究单位的宏观管理和综合服务职能。相应地将原按学科分别设置的机关内设机构改为按研究工作性质设置，以利于使它

们由管理某一学科的研究所,改为面向全院所有有关研究所,提供综合指导与服务"。1994 年《国家科学技术委员会职能配置、内设机构和人员编制方案》提出:"根据第八届全国人民代表大会第一次会议批准的国务院机构改革方案,保留国家科学技术委员会(以下简称国家科委)。国家科委要切实加强全国科技工作的宏观管理,着重做好调查研究、制定政策、统筹规划、组织协调、指导服务和监督检查工作"。同年,《中国社会科学院机关机构编制方案》提出:"为适应社会主义市场经济体制,中国社会科学院要进一步深化管理体制改革,调整学科布局和科研力量的配置;扩大研究所自主权,增强研究所的活力,提高工作效率;强化激励机制和竞争机制,完善课题责任制、重点项目成果鉴定、业绩考核、优秀科研成果评奖、专业技术职务评聘等科研、人事管理制度;下放干部管理权限,减少院直接管理干部的数量;实行工资总额宏观管理;切实按照服务职能与管理职能分开的原则,精简管理机构和编制"。1995 年 5 月,按照中共中央、国务院作出的《关于加速科学技术进步的决定》中"稳住一头,放开一片"的方针,大力推进农业和农村科技进步。各地农业科研机构根据国家需求和国际农业科技发展趋势,调整、改建和新建一批新兴学科、交叉学科和综合学科的科研机构。同时,还要进一步调整研究所的方向任务,凸显重点,将主要科技力量面向经济建设主战场,以各种形式加速科技成果转化为现实生产力(信乃诠,2008)。

8.1.3 农业科研体系全面改革创新

1999 年颁布的《中共中央、国务院关于加强技术创新,发展高科技,实现产业化的决定》,要求通过分类改革来加强国家创新体系建设,以及推动一批有面向市场能力的科研机构向企业化转制。国务院办公厅先后转发科技部等部门关于科研机构改革的两个文件。2001 年 11 月,国土资源部、水利部、国家林业局、中国气象局 4 个部门所属的 98 个公益类科研机构启动改革。2002 年 10 月,农业部、国家粮食局、中华全国供销合作总社等 9 个部门 107 个公益类科研机构进行改革(唐旭斌,2010)。12 月国务院体改办、科技部、财政部、国家经贸委颁布了《关于深化转制科研机构产权制度改革的若干意见》,提出:转制科研机构要根据自身特点,依法进行以公司制为主要形式的企业改制;对从事一般竞争性业务的转制科研机构,允许向社会整体转让产权;转制科研机构改制时,原则上不再新设职工集体股等。2003 年 1 月 27 日,农业部印发了关于《农业部关于直属科研机构管理体制改革的实施意见》(农科教发〔2003〕1

号）的通知，对农业部直属部门，中国农业科学院、中国水产科学研究院、中国热带农业科学院及所属研究所进行管理体制改革，全面启动了农业科技体制分类改革工作，农业部所属的69个科研机构的改革方案进入实施阶段。2004年，就农业科研机构分类改革和科研机构转制，中国农业科学院等全国31个省、自治区、直辖市农业科学院、10所农业高等院校的200多名领导、专家，和科技部、农业部的领导在北京联合倡议建设国家农业科技创新体系，建议该体系由国家农业知识创新平台、农业技术创新平台、农业科技成果转化平台为主导的网络体系，负责全国公益性重大农业科学研究、技术开发与试验推广活动，其核心组成部分是国家农业科技创新中心、国家农业科技创新区域中心和国家农业科技试验站。2005年中央一号文件《中共中央国务院关于进一步加强农村工作提高农业综合生产能力若干政策的意见》（中发〔2005〕1号）明确指出以下几点：一要深化农业科研体制改革，二要抓紧建立国家农业科技创新体系，三要建设国家农业科研创新基础基地和区域性农业科研中心。2006年国务院《实施〈国家中长期科学和技术发展规划纲要（2006—2020年）〉的若干配套政策》在科技投入、税收激励、创造和保护知识产权、科技创新基地与平台等配套政策方面做出了具体规定。同年，科技部、中央编办、财政部、人事部《关于推进县（市）科技进步的意见》指出，构建县（市）科技公共服务平台。加强基层科技人才队伍建设。培养、造就一支适合基层工作的专业技术人才和科技乡土人才队伍，满足县域科研生产一线的人才需求。建立适应市场经济体制的新型县（市）科技服务体系等任务。2007年农业部、财政部共同制定了《现代农业产业技术体系建设实施方案（试行）》，方案是对我国现有农业科技体系进行全局性、战略性的重大调整，两个方案的主导思想就是围绕国家食物安全、生态安全和农民增收三大任务，按照优势农产品区域布局规划，依托具有创新优势的现有中央和地方科研力量和科技资源，围绕产业发展需求，以农产品为单元，以产业为主线，建设从产地到餐桌、从生产到消费、从研发到市场各个环节紧密衔接、环环相扣、服务国家目标的现代农业产业技术体系。2011年发布的《中共中央国务院关于分类推进事业单位改革的指导意见》（以下简称《意见》），标志着农业科研机构新一轮改革的开始。《意见》提出，要对农业科研机构进行分类改革，从事生产经营活动的，逐步转为企业，从事公益服务的，强化其公益属性。截至2011年年底，农业部联合了702个单位（企业）设置了50个产业技术研发中心、233个功能研究室和1144个综合试验站。2012年中央一号文件，进一步要求深化农业科研院所改革，健全现代院所制度，扩大院所自主权，努力营造科研人员潜心研究的政策环境，要求提高公益性科研机构运行经费保障水平。农业部对2012年中央一号文件的贯彻意见明确提

出要推进现代农业科研院所建设，加快建立"职责明确、开发有序、评价科学、管理规范"的现代科研院所制度。同年国务院在《全国现代农业发展规划（2011—2015 年）》中提出，强化农业科技和人才支撑。增强农业科技自主创新能力。改善农业科研条件，调整优化农业科研布局，加强农业科研基地和重点实验室建设，完善农业科技创新体系和现代农业产业技术体系，启动实施农业科技创新能力建设工程。组建一批产业技术创新战略联盟和国家农业科技园区。完善农业科技评价机制，激发农业科技创新活力（国务院，2012）。2013 年中国农业科学院启动科技创新工程，提出建设世界一流农业科研院所的目标，突出体制机制创新，大幅提升农业科技创新能力和效率。2014 年《国务院关于改进加强中央财政科研项目和资金管理的若干意见》提出总体目标：通过深化改革，加快建立适应科技创新规律、统筹协调、职责清晰、科学规范、公开透明、监管有力的科研项目和资金管理机制，使科研项目和资金配置更加聚焦国家经济社会发展重大需求。2015 年出台的《国务院办公厅关于优化学术环境的指导意见》提出：强化问题导向，坚持改革驱动，全面推进人才使用、吸引、培养的体制机制创新，加快实现政府职能从研发管理向创新服务转变。2016 年《实施〈中华人民共和国促进科技成果转化法〉若干规定》提出：国家设立的研究开发机构、高等院校应当建立健全技术转移工作体系和机制，完善科技成果转移转化的管理制度，明确科技成果转化各项工作的责任主体，建立健全科技成果转化重大事项领导班子集体决策制度，加强专业化科技成果转化队伍建设，优化科技成果转化流程，通过本单位负责技术转移工作的机构或者委托独立的科技成果转化服务机构开展技术转移（国务院，2016）。同年发布的《中华人民共和国国民经济和社会发展第十三个五年规划纲要》提出构建激励创新的体制机制，主要任务有深化科技管理体制改革、完善科技成果转化和收益分配机制、构建普惠性创新支持政策体系。

8.2 我国农业技术推广体系改革历程

农业技术推广政策是指与农业有直接关系的各种农业应用技术政策，包括技术引进政策、技术转让政策、能源政策、环境保护政策及技术推广政策。

《中华人民共和国农业技术推广法》（以下简称《农业技术推广法》）第二条规定："本法所称农业技术，是指应用于种植业、林业、畜牧业、渔业的科研成果和实用技术，（一）良种繁育、栽培、肥料施用和养殖技术；（二）植物病虫害、动物疫病和其

他有害生物防治技术；（三）农产品收获、加工、包装、贮藏、运输技术；（四）农业投入品安全使用、农产品质量安全技术；（五）农田水利、农村供排水、土壤改良与水土保持技术；（六）农业机械化、农用航空、农业气象和农业信息技术；（七）农业防灾减灾、农业资源与农业生态安全和农村能源开发利用技术；（八）其他农业技术"。"本法所称农业技术推广，是指通过试验、示范、培训、指导以及咨询服务等，把农业技术普及应用于农业产前、产中、产后全过程的活动。"随着经济的增长和社会的发展，农业推广的范围也正从单纯的农业技术指导走向技术开发、经营决策、信息咨询、家政指导、智力开发等更为广阔的领域。现代农业推广是一项集科技、教育、生产功能于一身的农村社会教育工程，它的根本任务是转化潜在生产力和提高农业劳动者的素质。根据《农业技术推广法》第四条规定，"农业技术推广应当遵循下列原则：（一）有利于农业、农村经济可持续发展和增加农民收入；（二）尊重农业劳动者和农业生产经营组织的意愿；（三）因地制宜，经过试验、示范；（四）公益性推广与经营性推广分类管理；（五）兼顾经济效益、社会效益，注重生态效益"。

8.2.1　农业技术推广组织的健全

新中国成立之初，党和政府就高度重视农业生产恢复工作，制定了一系列政策，推动了农业推广体系的迅速发展。1952 年，农业部根据《中共中央关于农业互助合作的决议（草案）》精神，提出了最初的农业技术推广体系的构建模式，即"以农场为中心，互助组为基础，劳模技术员为骨干组成技术推广网络"。1953 年，农业部根据国务院的指示颁布《农业技术推广方案》，提出了《关于充实农业机构，加强农业技术指导的意见》，规定在区一级设立技术推广站，开展农业技术指导。1954 年，农业部拟定《农业技术推广站工作条例》，对推广站的性质、任务、组织领导、工作方法、工作制度、经费、设备都做了规定，农业技术推广站的建设进入普及阶段。经过几年的努力，到 1957 年左右，全国普遍建立起了基层农业技术推广站、畜牧兽医工作站和水产技术推广站。1959～1961 年，国家处于严重经济困难时期，中央和地方的农业技术推广机构开始精简。1962 年，农业部发出《关于充实农业技术推广站，加强农业技术推广工作的指示》，对农业技术推广体系发展作了全面部署（孔祥智和楼栋，2012）。1978 年党的十一届三中全会后，中国农村实行了家庭联产承包责任制，为了适应农村经济体制的改革，国家抓紧恢复与改建农业技术推广组织，形成了以县农业技术推广中心为重点的全国农业技术推广体系。恢复了被撤掉的种子管理站和农

业技术推广站、园艺站、植物保护站、经济作物站等专业站，在土壤普查的基础上新建了土壤肥料站。公社、大队、生产队三级农科组织相继解体，四级农业科学实验网（"文革"时期的农业技术指导结构，包括县办农科所、公社办农科站、生产大队办农科队、生产队办农科小组）中一部分以国家干部为主体的全民性质公社农科站和力量较强的集体性质的农科站保留下来，转变为第一批乡镇农业技术推广站。1979年9月，党的十一届四中全会通过的《关于加快农业发展若干问题的决定》中明确指出，四级农业科学实验网就是技术推广网，县以下主要抓好试验示范推广和培训工作。此后，中央和地方着手农业技术推广体系的改组工作。1979年，农牧渔业部在原有四级农业科学实验网解体的形势下，决定在全国29个省、自治区、直辖市各选择1个县作为改革试点，把县农科所、农业技术推广站和农业技术培训学校（班）结合起来，建成试验示范、培训、推广相结合起来的农业技术推广中心。

1982年中央一号文件强调县推广中心应在基层推广工作中起核心作用，同时号召在全国范围内加强县农业技术推广中心的建设，将分散的推广、植保、土肥、种子等专业站合并，实行统一领导，分工协作，建成县农业技术推广中心。同年，在北京召开了县农业技术推广中心试点县经验交流会，肯定了试点经验，并决定在全国范围内推广试点县的先进经验，全面地展开对基层农业技术推广体系的重建工作。在畜牧业较大的县建立县畜牧技术服务推广站（中心），将分散的畜牧兽医站、家畜改良站、草原工作站及兽医医院联合起来，在沿海沿江临湖的县建立水产技术推广站。为加强对基层推广组织的管理力度，农牧渔业部于同年7月成立了全国农业技术推广总站，10月成立全国畜牧兽医总站，林业部也成立了技术推广处。1983年7月，农牧渔业部颁布了《农业技术推广工作条例（试行）》，对农技推广工作中的机构、任务、编制、队伍、设备等作出了具体规定。

8.2.2　农技推广机构的深化改革

1985年，《中共中央关于科学技术体制改革的决定》出台，为贯彻该决定的精神，我国对农业技术推广体制也进行了进一步的深化改革。农业技术推广部门的社会化服务工作在全国得到了普遍的开展，改革的方向是引入竞争机制，展开有偿技术服务，通过开发经营，将农业技术人员的实际利益与他们所创造的经济、社会利益挂钩，形成一种自我发展、自我激励的活力。到1989年5月前，全国已建立县农业技术推广中心1003个，区、乡农业技术推广站45 746个，拥有推广队伍40万人，形成了全国上

下相通、左右相连的推广服务网络。它通过试验示范、培训、推广和社会化服务，大大加速了科研成果和先进技术的推广应用，为我国农业的稳定发展和农民的脱贫致富做出了重大贡献（唐旭斌，2010）。截至1989年年底，我国有农技推广机构20.3万个，技术人员86.8万人（其中国家农业技术干部40.3万人，农民技术员46.5万人），全国有上万个专业技术协会，1000多个农民技术服务组织，初步形成了农业技术服务体系雏形（孔祥智和楼栋，2012）。1992年，党的十二届三中全会确立了社会主义市场经济体制改革方向，给农业技术推广事业的发展带来机遇的同时也使其遭受了较强市场力量的冲击。据1993年年底的不完全统计，大约44%的县、41%的乡镇农技推广机构被减拨或停拨事业费，约有1/3的农技推广人员离开了技术推广岗位。这对农技推广体系建设、队伍的稳定造成了极大的破坏。1993年7月2日第八届全国人民代表大会常务委员会第二次会议及时通过了《中华人民共和国农业技术推广法》（以下简称《农业技术推广法》），该法以法律形式明确了农技推广机构是国家事业单位，所需经费由政府财政拨给。同年，农业部、人事部等六部委专门发文，要求各地采取措施来稳定农业技术推广队伍（唐旭斌，2010），农业部和人事部联合下发了《关于从事农业技术推广工作的教学科技人员评聘专业技术职务有关问题的通知》，在全国开展农业技术推广研究员评审工作。农业技术推广研究员的评审，结束了农业技术推广专业没有正高级职称的历史，稳定和发展了农业技术推广人才队伍，激发了广大农业技术推广人员服务"三农"的积极性和创造性。此后，又有许多省份的人大常委会制订了贯彻《农业技术推广法》的实施办法，进一步推动了《农业技术推广法》的贯彻执行。1996年，农业部又要求各地农业部门根据《农业技术推广法》等的精神，按时完成乡镇农业技术推广机构定性、定编、定员的"三定"工作，并成立工作组进行检查及督促。到1997年的3月，全国大部分的省（自治区、直辖市）已完成或基本完成"三定"工作，乡镇农业技术推广站的建设得到了迅速发展。同年，中央农村工作会议确定把1997年作为"农业科技推广年"，在农村掀起学科学、讲科学、用科学的热潮。1998年4月，农业部再次提出要保障农业技术推广工作的人员、机构、网络和经费。

8.2.3 新时期农技推广改革

1999年8月，国务院办公厅转发了农业部等部门《关于稳定基层农业技术推广体系的意见》，要求充分认识农业技术推广机构的地位、依法保护基层农业技术推广机构的权益、逐步提高对农业技术推广事业的投入等。由此，农业技术推广

工作进入新的发展时期。2001 年 4 月 28 日，国务院发布《农业科技发展纲要（2001—2010 年）》明确要建立国家扶持和市场引导相结合的新型农技推广体系，实施"推广队伍多元化、推广行为社会化、推广形式多样化"。2002 年中央一号文件更加明确了要逐步建立起分别承担公益性职能和经营性服务的农技推广体系，2003 年中央一号文件又就进一步深化农业技术推广体制改革提出加快国家推广机构和其他所有制推广组织共同发展、优势互补的农业技术推广体系，支持农业院校参与农业技术研究推广。2003 年，农业部会同相关部门研究制定了《关于基层农技推广体系改革试点工作的意见》，并于同年 4 月下达承担任务的 12 个省、直辖市人民政府。这次改革试点工作的主要任务是："推进国家农技推广机构的改革，发展多元化的农技服务组织，创新农技推广的体制和机制""逐步形成国家兴办与国家扶持相结合，无偿服务与有偿服务相结合的新型农技推广体系"（唐旭斌，2010）。截至 2003 年年底，农业部所属种植业、畜牧兽医、水产、农机化、经营管理五个系统，全国县乡两级共有推广机构 15.1 万个，其中县级约 2.4 万个，乡级约 12.75 万个；有农业技术推广人员约 100.8 万人，其中，县级推广人员 33.4 万人，乡级推广人员 67.4 万人；乡镇农业"五站"现有国家编制内农技人员 60.8 万人。与此同时，全国有 40 多万个村设立了服务组织，还有 10 多万个农村专业技术协会和数百万个科技示范户（场）。经过多年努力，我国基本形成包括种植业、畜牧兽医、农机化、水产、林业水利、经营管理、农业科教机构和农民专业技术协会在内的专业门类齐全的农业技术推广体系。2006 年 9 月，《国务院关于深化改革加强基层农业技术推广体系建设的意见》提出了推进基层农业技术推广机构改革、促进农业技术社会化服务组织发展、加大对基层农业技术推广体系的支持等内容。2008 年，党的十七届三中全会要求加强农业公共服务能力建设，创新管理体制，提高人员素质，力争三年内在全国健全乡镇或区域性农业技术推广公共服务机构，逐步建立村级服务站点。2009 年中央一号文件指出，3 年内在全国普遍健全乡镇或区域性农业技术推广、动植物疫病防控、农产品质量监管等公共服务机构。同年 7 月，农业部印发了《关于加快推进乡镇或区域性农业技术推广机构改革与建设的意见》，将农技推广改革推向深入。截至 2009 年年底，全国基本完成基层农业技术推广体系改革的县（市、区）有 1626 个，占总数的 61.0%。全国共有基层公益性农业技术推广机构 10.96 万个，其中县级 2.20 万个，区域性 0.61 万个，乡镇 8.15 万个；82.5%为财政全额拨款单位。基层农业技术人员 71.34 万人，其中县级 28.70 万人，区域站 3.51 万人，乡镇站 39.13 万人；具有大专及以上学历基层农

业技术人员数占总人数的 49.7%，有专业技术职称的基层农业技术人员占总人数的 67.9%（孔祥智和楼栋，2012）。2010 年中央一号文件指出，抓紧建设乡镇或区域性农技推广等公共服务机构，扩大基层农技推广体系改革与建设示范县范围（刘振伟，2012）。同年 8 月，全国人大常委会农业技术推广法执法检查组正式启动农业技术推广法执法检。吴邦国指出，要通过这次执法检查，督促有关部门高度重视农业技术推广体系建设，深化农业技术推广体系改革；乌云其木格强调，要通过执法检查，进一步落实各项加强农业技术推广工作的扶持措施，加强基层农业技术推广队伍建设，完善配套法规，加强法制建设，促进农业技术推广工作再上一个新台阶。2012 年国家新修订的《中华人民共和国农业技术推广法》和中央一号文件，明确农业技术推广的公益性定位，强化财政保障，提出"一个衔接两个覆盖"，强调农业基层推广能力建设，让基层在岗的农业技术推广人员工资收入水平与基层事业单位的平均水平相衔接，农技推广体系改革与建设示范县要覆盖到所有的农业县（市、区、场），农业技术推广机构条件建设项目要覆盖全部的乡镇（陈锡文和唐仁健，2012）。2013 年，中央财政下拨农业技术推广与服务资金 5 亿元，用于支持河北、江苏、安徽、江西、山东、河南、湖北、湖南 8 省开展农业生产全程社会化服务试点。为保障各省更好地开展试点工作，财政部专门印发了《关于印发〈2013 年农业生产全程社会化服务试点实施指导意见〉的通知》。2015 年，中央财政再次下拨农林业科技成果转化与技术推广资金 26 亿元，用于支持基层农业技术推广体系改革与建设工作。2016 年《中华人民共和国国民经济和社会发展第十三个五年规划纲要》提出，要健全现代农业科技创新推广体系，激活基层农业技术推广网络。

8.2.4 当前国内外农业技术推广的主要组织形式

根据农技推广服务供给主体的不同，世界各国的农技推广组织形式至少可以分为以下六大类。

（1）以政府农业部门为主导的农技推广体系。这一类是最为普遍的，占到 81% 左右，其特征是推广体系由政府部门直接领导，控制人事和财务，并管理、组织、实施具体的农技推广工作。

（2）非政府形式的农技推广体系。这类体系指一些协会等组织所属的推广机构，占到 7% 左右，这种模式在欧洲、日本、韩国等一些发达国家较为普遍，如日本的

农业协同组织，它的经营领域基本涵盖了农业、农村发展的一切事务，并且具备一定的政治功能。

（3）私人农业推广体系。这类体系占到5%左右，指的是一些私人企业为推销产品所组建的产品推销部门，也包括一些农业龙头企业为农户提供产前、产中和产后的一条龙服务。

（4）专业化农业技术推广体系。这类体系占到4%左右，指的是一些商品生产或生产组织或一些开发机构所附属的推广体系，如专业协会等。

（5）以大学为基础的体系。这类体系占到1%左右，以美国为代表，其宗旨是通过教育向农民传播知识，指导方针是"通过高素质推广人员提供高质量的教育项目以帮助农民改善生活"，特点是农业科研、教育、推广三位一体，在大学里建立农业科技推广站，由大学负责组织、管理和实施农技推广工作。

（6）其他形式的农业技术推广体系。占到2%左右，这类体系主要是指以农村青年和妇女为推广对象的青年组织和妇女组织。

从服务性质上看，世界各国的农业技术推广服务一般都是公益性服务与经营性服务相结合的。这也符合农业技术服务供给政府失灵和市场失灵并存的特点（农技服务具有公共产品性质）：政府失灵的地方，用经营性服务来补充，如美国的种子行业，由几个大企业掌控，由企业来进行研发并掌握专利；市场失灵的地方，用公益性服务来补充，如各个国家农业保险的政策性都很强，对农产品安全监督的责任也一般由政府承担。

就我国而言，引入市场机制以后，我国农业技术推广主体多元化趋势日渐清晰，尽管仍以政府农业技术推广机构为主，但非政府农业技术推广服务组织呈现越来越大的作用，非政府农技推广服务组织主要有以下几种。

（1）龙头企业提供的农技服务。龙头企业在较好地解决小农户与大市场之间矛盾的同时，依托其较为雄厚的资金、技术实力和广泛的社会关系，通过如下模式为农户提供农技推广等农业社会化服务：①"公司+农户"模式，即龙头企业为基地上的农户提供生产资料和资金技术，农户按公司的生产计划和技术规范进行生产，产品由公司按照合同价格收购；②"公司+合作社（协会）+农户"模式，此种模式下的农业社会化服务由农民自己成立的合作社（或专业协会）通过与企业达成一致来提供，由于提供方是农民自己的组织，农民采纳新技术、对信息的信任度等都比原来的"公司+农户"模式下的要好得多；③"公司+村委会+农户"模式，即农业产业化龙头企业通过村委会作为中介和农户进行对接，可以节约企业的交易费用，农

民对村委会也比较信任，有利于新技术的推广和信息的沟通，另外，对于农民的生产过程也可以起到很好的监督作用。

（2）合作经济组织提供的农技服务。农民合作组织带动了高新、实用农业技术的应用，成为现代农业科技成果转化与实用技术普及推广的重要平台。合作社与科研院校和农业技术推广部门搞联合、结"对子"，把一批新的农业科技成果转化应用到生产实践中来；同时，合作社对成员开展社会化服务，实行统一的生产技术、疫病防控。目前，95%以上的合作社都能够为成员提供各种急需的、有效的农业技术服务，解决了技术推广到农户的"最后一公里"难题。

（3）村集体提供的农技服务。村集体的农技推广服务主要是通过"村集体+合作社+农户"的形式提供的，其具体表现形式为村委会领办的农民专业合作社。

8.3 我国农业科技体制机制改革的进展

8.3.1 建立了世界最庞大的农业科研体系

经过几十年的改革发展，我国已经建立了世界上最庞大、学科门类较齐全的农业科研体系。这个体系主要由农业企业、农业科研机构、农业高校组成。我国农业科研组织体系的主体是各级政府部门所属的农业科研机构，约占科研机构总数的90%。主要分为三级，即国家级、省属、地区属。全国共有农业科研机构1100个，其中，农业部所属科研机构59个，省属科研机构424个，地区属617个；按机构服务的行业划分，种植业636个、畜牧业125个、渔业125个、农垦43个、农机化171个；按类型划分，技术开发型59个、基础研究型3个、社会公益事业与科学研究型985个、多种类型8个、其他45个。农业科研人员总数达9.3万人。农业科技研究机构还包括一些交叉研究机构，已建设66个国家农口工程中心、15个农口国家重点实验室和一大批部门重点实验室，逐步形成了大量适合不同地区农业特色、具有较强创新转化能力的区域农业科技创新中心。全国共有74所包括教育部属农业大学、一些综合性大学和省属高等农业院校在内的高等院校从事农业基础研究和应用研究的工作，其中大学、专门学院32所，专科学校42所。全国有农业产业化龙头企业11万多家，拥有农业科技研发和推广人员67.4万人，在这些龙头企业中，有1.36万家龙头企业建立了专门的研发中心，其中科技研发投入占企业年销售收入

比例超过 1%的龙头企业占总数的 8.3%（贾敬敦，2012）。在农业科技进步贡献率上体现为科学技术对农业总产值增长的贡献率从 20 世纪 70 年代末的 27%提高到了 2014 年年底的 56%。

8.3.2 建立了世界最庞大的农业推广体系

改革开放以来，我国的农业技术推广体系建设取得了显著的进展，建立了世界最大的农业推广体系，从而形成了从中央到省、地、县、乡多层次、多功能的农业技术推广体系，为农业科技成果转化、为促进农业和农村经济发展做出了重要贡献。我国农业科技推广体系主要是政府所属推广组织为主，民间推广组织和其他传递方式（技术市场、公共媒体等）为辅的体系结构。在政府所属推广组织中，主要是"一主两辅"，即以国家、省（自治区、直辖市）、地区、县、乡五级农业科技成果推广网为主，各级农业科研机构和高等、中等农业院校科技成果推广为辅。农业部所属种植业、畜牧兽医、水产、农机化、经营管理 5 个系统。2011 年年底，全国农业系统共有推广机构 9.9 万个，农业技术推广人员 69 万人。其中全国种植业农技推广机构共有 30 969 个，其中省级 164 个，地级 1706 个，县级 10 925 个，乡级 18 174 个。共有推广人员 330 981 人，其中省级 5002 人，地市级 25 110 人，县级 142 604 人，乡级 158 265 人。基层 40%以上乡镇农技推广机构实行"三权归县"，跨乡镇建设区域性农技推广站或统一建设农业综合服务站。从 2012 年起，基层农技推广体系改革与建设项目基本实现了覆盖全国所有农业县。

8.3.3 农业科技运行机制得到改善

经过 30 多年的改革创新，我国农业科技运行机制得到改善，调动了农业科技活动利益主体的积极性。改革开放以后，以家庭联产承包责任制为主的农业经营体制的建立，特别是以解放农村生产力为契机的农村经济体制改革及科技体制改革相继推开，为农业科技体制由单一利益主体向多元利益主体转变提供了客观前提。在政府制定的一系列建立和发展社会主义市场经济体制政策的引导和促进下，农业科技人员和广大农户日益成为农村科技活动的利益主体和农村市场的主体，使农业科技运行机制由政府行政单一驱动转变为政府行政干预与市场机制共同驱

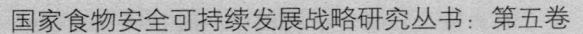

动。这种运行机制特点，一是农业科研机构和推广机构开始以国家财政作为唯一渠道拨款，实行多渠道筹集研究、推广经费；二是"农、科、教"、"产、学、研"相结合等微观运行机制日益形成，农业科技与经济结合日益紧密；三是农业科研更注重实用化、商品化和产业化，农业科技成果开始部分地进入农业技术市场，按市场原则进行公平交易；四是农业科技成果转化由无偿服务转变为以有偿服务为主，有偿与无偿相结合的形式；五是农业科技成果的研究和推广由单一的政府所属农业科研、推广机构参与方式转变为政府机构、民间与企业机构相结合的参与方式（王骞，2012）。

第 9 章　影响农业科技支撑作用的体制机制障碍

在《现代汉语词典》(第 7 版)中,机制泛指一个工作系统的组织或部分之间相互作用的过程和方式。在农业领域中,农业科技支撑作用的发挥,需要从基础研究、应用研究、应用技术到农业科技推广各个环节有机结合,建立一种协同机制,使之形成既能发挥各自优势,又能优势互补;既有利于农技转化,又有利于促进研发的上下相通、左右相连、专群结合、多层次、多渠道的农业科技创新推广网络,并且在每个环节都能有效运转,形成科技支撑的合力。只有这样才能产生协同效应,即 1+1>2 的效应,才能形成适应新时期强化农业科技支撑作用要求的体制机制,才能为我国农业科技的发展带来规模递增式的机遇。目前,我国农业科技生产"两张皮"问题仍然突出,就是因为在农业科技体制机制仍然存在较大的障碍,主要表现在以下几个方面。

9.1　农业科技管理体制不协调

9.1.1　国家涉农科研管理部门职能设置不合理

在中央层面缺乏专门机构负责对农业科技问题进行顶层设计。因为缺乏中央层面的常设科技决策咨询和评估机构,在研究农业科技发展战略规划、重大经费安排等重大问题时,难以进行充分的讨论,导致"顶层设计"的指导能力不足。我国农业科技项目来源于中央和地方的多个部门,目前涉及农业科技的职能部门有农业部、科技部、国家林业局、财政部、水利部、中华全国供销合作总社、国土资源部、住房和城乡建设部、教育部、商务部、民政部、环境保护部、国家粮食总局、中国气象局等十余个。各部门对农业科研多头领导,职能设置重叠,相互争夺资源,课题设置重复,管理办法众多,管理机制不协调,经费分散,有限科研资源得不到高效利用,导致低水平重复,农业科技与经济社会发展相结合问题没有得到真正的解决。科技部门抓产业技术往往不能抓到要害,对产业部门常规问题、重大问题无法面面俱到。产业部门不抓产业技术及其应用基础,产业发展停滞不前,重大问题得不到解决,例如,中国的农机化问题和秸秆处理问题至今未能得到解决,区域治理半途而废,水利设施缺乏维修等

问题，都是产业部门未能抓好产业技术研究的典型例子。

9.1.2 国家农业科研机构体系和农业大学体系分工与联系不明确

中央、省市农业科研机构之间分工不清、研究内容"上下一般粗"（万宝瑞，2013）；农业科研机构与农业大学之间的相互竞争，基础科学知识的探索和农业产业技术的研发推广无法充分结合。首先，国家级农业科研机构与农业大学在基础研究、应用研究、开发研究及成果转化、科技推广、应用与示范等方面分工不够细致，相互竞争，缺乏协作；其次，农业科研机构体系中各层次科研机构之间的职能定位不明确、协作机制不健全、科研领域分工不明晰，研究的内容有重叠交叉。地方政府缺乏提高地区产业技术的体系和实力，耽误产业发展。分工不明确还表现在资源分配上面，各级科研机构农业科技资源条块分割、重复分散，难以整合创新，不能有效集成投入，难以形成研究合力，这些情况严重制约了农业科技研发效率，阻碍了产业技术水平的全面提升。

9.1.3 农业科研上中下游之间缺乏有机结合

目前，我国农业应用技术研究、应用基础研究、基础研究之间缺乏有机结合的顶层设计。农业应用技术研究、应用基础研究、基础研究之间等缺乏相对明确的分工和定位，彼此衔接和协同不够，缺乏统筹考虑，缺乏专家真实评价，影响了农业科技研发能力和产业技术水平的提高。在农业科研优先领域和重点课题的确定、组织、管理方面缺乏有效的规划机制，往往是重学术价值轻实际生产应用价值。一些科研人员在课题立项时没有对现有生产实践和市场需求进行深入调查研究，往往只是依据文献资料闭门造车，而文献信息往往存在滞后性，导致研究课题与生产实践、市场需求相脱节。立项的课题中，一般性的应用基础研究比较多，突破性、具有重大的跨学科和影响全局的理论方法的突破少。

9.1.4 农业产业技术缺乏组装配套

在政策方面，虽然国家已经出台了许多法规，但是配套的实施细则、协调监督

机制和良性循环机制尚不完善，农业领域协同组装创新模式尚未形成。农业产业技术具有很强的地域性特点，地理气候、自然资源、环境条件的制约会影响农业科研成果的大面积推广和应用，农业科研成果必须通过因地制宜的组装集成配套工作，才能适应地方农业的生产需求。现有很多科研成果仅停留在实验室小试阶段，和大规模生产的要求相比，仍有相当远的一段距离。还有大量科研成果被管理部门束之高阁，缺乏专门机构对已有成果的整合组装集成，未能形成配套实用技术，无法运用到农业生产中，造成科研生产"两张皮"。

9.2 科研项目分配和管理机制不科学

9.2.1 项目稳定性支持比例过低

目前中国的科技计划和行业科技计划基本上都是采用竞争性的投入方式，过度竞争导致了科技活动中一系列不符合科研规律的现象，使农业科研机构的科学研究与试验发展（R&D）经费投入过度分散，R&D活动中的非研究活动成本居高不下。过度使用基金制，项目稳定性支持比例过低，科研人员忙于申请项目，把农业长久持续性研究变为短期行为，导致高水平、重大科技成果迟迟无法获得突破。项目主持人在申请课题等方面，花费了过多的时间和精力。近20年来骨干科研人员直接从事科研的时间比以前要减少23%，科研拔尖人才疲于争项目、揽活干（万宝瑞，2012）。

9.2.2 项目经费分配机制不合理

在现在的科技立项中，很多是各级管理人员有实质性的决定权，专家评审机制越来越敷衍了事。一些重大战略性项目的决定和巨大资金的分配带有明显的部门利益，存在没有经过充分、全面的讨论就由少数人实现内定的情况。这种情况使得一些"学术带头人"把花气力搞关系、跑经费作为主要任务，没有时间致力于研究科学问题（中国科学院学部《中国科技体制与政策》咨询项目组，2011），这不仅有损科学家的社会形象，也是导致学术浮躁、学术风气不正的重要原因。

9.2.3 项目管理机制不符合科学规律

农业科研项目跳过基层单位，近似于主持人负责制。基层单位被架空，各个主持人各自为战，相关科研项目之间缺乏团队合作，难以形成有实力有影响的积累。另外，科研项目一般由主持人召集专家组成核心团队，并设计子项目，再把相应子项目分包给相关专家，分包的子项目负责人几乎就是项目主持人说了算。因此，部分科研人员的主持项目，实际从事项目研究的却是学生和其他专家，水平层次不齐，导致有些科研成果水平取决于学生和其他专家水平，而不是项目主持人的水平。项目管理中则存在过度行政干预，官僚主义、文牍主义严重，搞"时间点"检查过多等问题，使科研人员疲于应付检查，浪费大量人力、物力、财力，耽误宝贵的研究时间。经费划拨不能及时到位，经费管理不符合科研规律，需要支付的项目无从支付，有钱买设备，无钱养兵，科研人员经费使用自主性低。

9.3 科技评价机制不合理

9.3.1 对科研项目绩效评价缺乏监督

我国对农业科研项目绩效评价监督机制不健全。一些科研项目只要通过了政府的评审立项，研究经费下拨到位之后，无论项目完成情况如何，研究成果质量怎样，基本上经过同行专家评审都能通过验收，对项目执行情况的评价无有效监督，造成农业科研项目研究执行过程中，存在"重申报、轻研究"的风气，严重影响我国农业科研水平的提高。

9.3.2 评价指标存在误区

当前，我国现在实行的专业技术职称评审和农业科技成果评价一直在沿用计划经济时期的管理模式和标准，同时高校和科研机构十分重视科研资源的占有，很多农业高校和研究机构将科研项目级别、资金总量、项目数量，在 *SCI* 期刊发表论文数等作为职称评定与晋升的主要考核指标，而忽视科研成果产生的实际社会效益和

经济效益，或者仅作为权重较低指标来进行考核，缺乏产业化意识，从而不能正确引导符合市场需要的科技创新。科研评价体系标准单一，评价导向过于重视文章。科技定量评价因文献计量学的应用而方便了许多，但量化评价的简单化和绝对化，带来科技研究中的重刊物级别、轻论文档次，重数量、轻内容。文献计量学方法也只适合农业科研的基础研究或应用基础研究，而在农业科技应用研究领域，成果价值主要应体现为经济和社会效益，科技推广报告有别于理论研究的论文，具有技术指导和科学普及的特点，主要阐述农业技术操作方式及方法的系统性、可行性和实用性。农业推广无法用文献计量评价，又没有好的评价体系，造成农业科研人员服务农业生产的积极性未能得到有效调动，直接导致农业科技创新不足、农业科技成果转化率低、农业科研与农业生产脱节等问题出现。

9.3.3 评价体系忽视实际效益和长远效益

目前，我国许多科研活动围绕申报项目、开展研究、报奖、鉴定进行，科研评价体系重短期效益、轻长期积累，考核评价期短，每隔一段时间就要检查汇报，求有"最新最近"的科研成果，使科研人员乐于从事一些周期短、难度小、时间快的低水平重复研究与开发工作，导向单干、形不成真正的团队和合力，出不了前瞻性的突破性成果，致使有影响力的高水平科研成果越来越少。事实上，科研成果的价值难以在短时间内做出准确判断，长期的实践检验才是唯一的标准。这种科研评价机制违背了科学研究活动的内在规律（罗晓燕和欧阳克氙，2013）。通常科研当中的基础研究是一种战略性研究，研究周期长短不一，不具有近期经济效益，研究成果多以论文形式发表，而传统管理模式是一种技术合同制，在时间、结果上限制了知识创新活动的开展（张昊等，2008）。尤其是农业科研因为农业生产的特殊性，表现为季节性和周期长，短期的研究根本出不了实质性的成果。具体的如作物良种研发，往往需要培育很多代才能出现研究者想要的结果。

9.3.4 奖励设置的形式主义

目前，我国涉农科技项目来源渠道越来越广泛，相应的科技奖励名目种类与数量繁多，有国家最高科学技术奖、国家自然科学奖、国家技术发明奖、科学技术进步奖、国际科学技术合作奖到地方政府的相应奖项，也有各级农业行政与科技管理

部门设置的相关奖项，包括农业技术推广奖（农业技术推广成果奖、农业技术推广贡献奖、农业技术推广合作奖）、中华农业科技奖、中华农业英才奖、高产奖、粮食生产奖等，还有优秀成果奖、技术改进奖、科技成果转化奖、技术创新奖、袁隆平农业科技奖、大北农科技奖等社会组织、学术团体、基金会和农业科研院所、高校内部设立的各种非政府性或准政府性科技奖励。这些奖励几近涵盖了科技项目奖与人才奖、集体奖与个人奖、国内奖与国际奖，以及政府性、准政府性与非政府性奖励等。奖项设置的形式主义、过多过滥使得中国农业科技领域的获奖成果数量惊人、规模宏大。据统计，仅近半个世纪以来获国家和部门政府性奖励的农业科技成果数已突破10万项。近30年来，各省（自治区、直辖市）确认的农业类政府性科技成果达5万多项，每年通过鉴定的农业科技成果数量高达6000~7000项，稳冠全球。同时，庞大的农业科技人员群体、个人或单位获得表彰奖励并从中受益。过频过度的评奖还进一步使奖励与荣誉严重贬值或"含金量"大打折扣，科技成果的泡沫急剧膨胀、质量下降，原创性质量型成果寥若晨星，评优评先与奖励表彰愈益变得名不副实，乃至与其初衷渐行渐远或背道而驰（杨曙辉等，2013）。与西方发达国家的科技评价制度相比，最大的不同就在于我国的农业科技评价奖项是由官方做出的，或由"自己"做出的，而很少是由第三方做出的。

9.4 农技推广体系缺乏效率

9.4.1 农技推广资金不足

《中华人民共和国农业技术推广法》中明确规定："国家逐步提高对农业技术推广的投入。各级人民政府在财政预算内应当保障用于农业技术推广的资金，并按规定使该资金逐年增长。"县乡两级农技人员是农业技术推广体系的主要服务力量，农业技术推广体系发挥其服务功能也主要体现在县乡两级。由于大部分县级财政不宽裕，乡镇财政十分困难，即使不少基层党政领导认识到农业技术推广体系建设的紧迫性和重要性，但可支配财力往往不足，无法满足农业技术推广工作的需要。一般发达国家农业科技推广经费占农业总产值的0.6%~1.0%，发展中国家在0.5%左右，我国农业技术推广投资强度（农业技术推广投资占农业国内生产总值的比例）长期仅0.42%，低于发展中国家平均水平。许多基层农技推广机构的财政状况只能维持农

业技术推广工作人员基本工资的发放。由于投入不足，现在许多基层农业技术推广机构在设施设备上还停留在 20 世纪水平，服务设施和手段落后而且服务水平低下；现有的农技人员人头经费和工作经费水平低，难以吸引大中专毕业生。2012 年国家实施"一个衔接两个覆盖"政策后，基层农技推广人员工作待遇和工作条件有所提高，但是对农技推广的投入仍然不足。

9.4.2 农技推广队伍素质不高

农技推广队伍整体专业素质不高表现在推广队伍的年龄结构偏大、整体文化水平低等方面。由于基层农技推广机构的工作环境差，加之待遇偏低，许多高学历人才毕业后直接进入经济发达的大城市从事相关工作，基层农技推广机构则很难吸引高学历人才，造成推广队伍的整体知识水平较低。2011 年年底，基层农技推广机构具有技术职称资格的人员占其编制内人员的 76.5%，其中高级职称人员仅占 10.2%，中级占 32.7%，初级占 33.6%，初级以下占 23.5%。在年龄结构上基层农技推广人员年龄偏大。2011 年年底，基层农技推广机构编内人员中，35 岁以下人员数仅占 24.8%，50 岁以上的达到 17.8%。由于基层经费紧张，基层农技工作多而繁杂，缺乏更新知识的机会、时间，这样导致农技人员知识陈旧老化，整体素质无法提高。这些问题的存在都影响了基层农技推广的效率和积极性。

9.4.3 农技推广机构职责不清

从 20 世纪 90 年代开始，经过几次改革后，乡镇级别的农业服务中心管理权限归属出现了混乱现象。机构下划乡镇后，农技推广机构的管理因公益职能有所弱化而存在较多问题。而且由于乡镇编制较少，基层农技推广人员兼职工作多，往往过多承担乡镇政府的其他事务，存在农技推广人员在编不在岗的现象，因此农业科技推广工作难以有效的开展。据统计 2012 年在全国乡镇农技推广机构中，有 38%归县农业部门管理，35%归乡镇政府管理，27%实行县乡双重管理机制。而在归乡镇政府管理的机构中，经常抽调农业技术推广人员去从事政府政务工作，他们也要像乡镇干部一样都必须参加诸如人口普查、计生突击、村级换届选举、征地拆迁、征兵修路等中心工作，据统计这些行政中心工作的时间占到他们总工作时间的 70%以上，严重影响了农业技术推广工作人员对本职工作投入的时间。在县级机构这种本末倒

置的现象也普遍存在，乡镇农业各站"三权"下放的地区，县级农业推广部门的有关文件、通知难以迅速传达到乡镇农业技术推广人员。而且，一个乡镇农业服务中心一般对应几个县级业务主管部门，各个业务主管部门都认为本部门的工作更重要，有时会出现各找各的人的现象，导致农业技术推广工作很难布置，县乡农技推广工作沟通不畅、不协调，会导致农业新技术停留在县级，难以传授到农民手中的局面，对基层农技推广工作产生了不利影响。

9.4.4　农技推广运行机制不合理

我国现有的基层农技推广体系是伴随对计划经济和传统管理体制的改革逐步形成的。以政府主办的专业推广机构为主体、多层次的农业推广体系，采用以行政手段，自上而下发动普及的运行机制，其市场作用发挥不大，不利于发挥科技人员和农民各自的积极性，容易造成农业科研成果与生产、农民需求脱节。目前农技推广站采取的技术推广方式仍是比较传统的，如依托现场会、发放"明白纸"等，信息传递速度慢，缺乏时效性，无法确保农民对技术、信息的有效掌握，推广的技术比较落后不适用等现象比较普遍；另外，分散的小农户多半按经验种田，除了"随大流"，也只在选种、用肥、打药等问题上有些许技术需求，但他们更倾向于求助于农资店，种养大户、合作社等则对技术需求更高，不愿接受农技推广站的服务。即农技推广站的现行运行机制既不能满足种养大户强烈的技术服务需求，又不能引发小农户对技术服务指导的兴趣。

9.5　区域地方性农业产业技术创新体系尚未形成

9.5.1　国家农业科技组织设置和运行机制不尽完善

农业科技体系高度分散，隶属关系多样，各级农业科研机构的组织机构基本按专业、学科设置，领导体制复杂，缺乏协调，不仅导致了科研项目的重复设置，造成了无谓的浪费，而且还造成了地区之间在科技力量上的强弱，进一步使贫困恶化。此外，中国还存在科研管理多元化。国家层次上，由科技部会同其他部委共同管理，在省级与地区层次，农业科技的多头管理机制基本上是国家层次上相应模式的一个

延伸。横向水平上，各部委之间、各局之间及同一地区内的不同地方研究所之间缺乏必要的协调；纵向层次上，中央与地区之间、地区与基层农民之间阻碍了信息有效的反馈，造成了农业技术创新多头、多部门、分割管理的局面。

9.5.2 国家农业科研体系的区域性特征不明显

中国的农业科研体系基本上是按照行政区划设立，而不是按照自然资源、农业生态和农业区划设立，部门单位条块分割；国家、省、地市三级农业科研单位的机构，学科专业重复设置，分工不明确，跨部门跨专业合作项目少，科技资源配置浪费较大，总体运行效率不高。因此，应当从中国具体国情和遵循农业区域性特征出发，借鉴美国的经验，在构建国家农业科技创新体系的过程中，按照农业科技创新的区域性特征，以农业生产区域为基础，建设全国公共农业科研体系，使农业科研工作更适合本地区的特点和发展需要，促进农业科研与生产的紧密结合，避免目前农业科研机构之间的低水平重复和恶性竞争，提高农业科技资源的利用效率，同时以区域性的农业科研中心为基础构建新型农业教育体系和农业推广体系，促进研究、教育和生产的紧密结合，促进不同区域特点的农业科技创新体系的互动合作。

9.5.3 农技推广体系与建设现代农业、保障国家食物供给和农民持续增收的要求不适应

中国建立了从农业部到县一级的四级农业技术推广体系，农业技术推广队伍远远超过世界上任何国家，但该体系有强烈的自上而下意识和倾向，体现了政府的手段和政府的意志，很少考虑农村、农民的经济、社会因素，很少考虑到农民的真正需求。20世纪90年代中期以后，为了适应农业发展形势的变化及政治体制改革的需要，政府农业技术推广体系进行了多次改革，但由于国家事业经费的减少和农业技术推广部门创收能力不足造成一些农业技术推广部门"缺钱养兵，无力打仗"的局面。

第 10 章　国际农业科技体制借鉴

10.1　日本农业科技体制特点

经过长期实践和发展，日本形成了以农协为纽带的农业科研与推广体系，政府和农协相协同，采取"自下而上"的方式，按农民需要提供服务。

10.1.1　农业科技机构

日本农林水产省设有农林水产技术会议，是农林水产大臣决策的辅助机构，对全国农林水产试验研究进行规划及综合协调，直接领导和协调国立农业科研机构开展工作，对都、道、府、县及其他的试验研究机构所做的试验研究给予补助，并与试验研究和行政部、局等进行联络协调。为处理日常事务，农林水产技术会议设立事务局和若干名专门委员（孙素敏，2012）。

日本现行的农业科研体系是由农林水产省、都、道、府、县、大学和民间企业的农林水产科研机构组成。据统计，日本农林水产科研机构（包括国立、公立和民办）有近千所，其中国立和公立（都、道、府、县试验场）科研单位占全国农林水产科研机构总数的56%，大学的农林水产科研单位占10%，民间企业农业研究机构占34%。日本国立农林水产研究机构是日本的国家级农业科研机构；地方公立农业科研机构主要是面向本地区，属于区域性应用研究开发性机构，为本区域农业发展提供技术支持和开展技术推广与服务；日本民间企业农业科研的研究范围是那些具有良好应用性的开发研究项目（王建明，2010）。

日本国立农业科研机构在科研上面向全国，从事基础研究、应用研究和开发研究。从1981年4月开始，日本对国立农业科研机构进行了战后最大的一次调整，建立起新的科研体制，以适应农业形势的变化。首先改组了领导和协调科研工作的事务局。1983年撤销农业技术研究所，同时，为加强生物技术与生物遗传资源领域的研究，成立了农业生物资源研究所；为加强农业生物系的基础研究，成立了农业环境技术研究所。1985年，为加强花卉研究，把茶业试验场与蔬菜试验场，包括花卉

研究，合并为蔬菜、茶叶试验场。同时，在各专业研究机构中加强了生物技术与收后技术的研究。1986年新成立了中国国际问题研究所。1987年为了推进和指导今后的民间试验研究工作，新设技术外发指导官，其主要职能是指导和监督生物系特定产业技术研究推进机构，参加制定民间技术开发的基本方针。1988年，为加强地区农业试验场的地区性基础研究和综合研究，进行内部组织调整，并且还成立了农业工程研究所和蚕丝、昆虫农业技术研究所。1991年，在有关研究机构配备或加强了水稻染色体组研究体制、花卉研究体制、食品和生物机能开发研究体制、科技情报与提供体制、国际共同研究体制及收获后研究体制等。1993年，为解决全球规模的环境问题和开展农林水产业的国际合作研究，成立国际农林水产业研究中心，同时在相关部门配备动物 DNA 的研究体制和北海道的旱作研究体制，完善了国立农业科研体制（王志学和信乃诠，2004）。

日本大学的农学院则主要从事农业基础理论与应用的研究工作。在日本大学中，从事农业科研与教学的人员有7000人之多（纪绍勤，2005）。日本民间企业研究机构的研究方向是着重于农业技术的应用开发。它们的研究选题是那些具有良好开发前景的、具有市场价值的应用研究项目，全日本有250多个企业从事农业科研。

日本的推广体系分为四级管理，在组织上形成了从中央到地方完整的农业技术推广体系，四级管理机构分别为：农林水产省农蚕园艺局普及部，是国家对农业普及事业的主管机构；地方农政局，是农林水产省的派出机构；都、道、府、县设有农业改良主务课；农业改良普及所，是最基层组织。每个普及所平均管辖5个市、盯、村，约7200户（孙素敏，2012）。

10.1.2 农业科技队伍

国立农林水产研究机构的人员组成比较精简。29个国立农林水产研究机构职工总数为7600余人，其中研究人员4200人左右，占职工总数的55%以上。从事科研的人员都是大学本科以上学历，其中大部分具有博士研究生学历。

都、道、府、县等地方农业公立科研机构主要面向本地区，属于区域性应用研究开发性机构，为本区域农业发展提供技术支持体系和开展技术推广与服务。有农业研究开发人员8000多人，其中从事农业研究科研的人员约3000人，占38%左右。研究人员都是大学农学、生物科学、农业工程、水利和气象等专业的毕业生，有的具有硕士或博士学位。这些研究人员与国立农业科研机构人员一起构成日本农业基

础与应用研究的中坚力量（黄建勇，2005）。

在日本大学的农业院系的农业研究人员，则主要从事农业基础理论与应用的研究与教学工作，从事农业科研教学与科研的人员有 7000 人之多。他们的学识与学历都很高，一般为硕士或博士研究生学历，是日本农业基础性研究与教学的生力军。在日本，从事农业科研的企业数达到百个，近几年来发展很快，研究人员数已占全国农业科研人员总数的 40%。有研究人员 14 000 多人，民间企业性研究机构的研究选题，是那些具有良好开发前景的、具有潜在市场价值的应用性开发研究项目，具有短、平、快的特点。人员的学历结构层次与都、道、府、县等地方农业公立科研机构的人员层次相当，成为日本农业科研开发的重要力量。

日本依照《农业改良助长法》《农业协同组织法》《农业基本法》《新农业基本法》等法律建立并不断完善农技推广体系，在法律、制度和组织上解决了农村发展、农业进步与农民生活水平提高过程中的一系列问题（孔祥智和楼栋，2012）。日本的农业技术推广服务主要通过政府的农业改良普及所（站）和农协进行。农协推广服务遵循"自下而上"的运作途径，基本能做到农民需要什么就提供什么服务。以农协为纽带的农技推广模式，一方面能及时地将科研成果转化为生产力；另一方面，避免了科研、推广工作的盲目性，提高了效率。在具体农业科技推广方面，农协营农指导员是农业生产第一线的技术普及员。营农指导员首先根据农民的需要设定推广课题，制订推广计划，按计划开展工作，然后进行评估，再将评估结果反馈到下一个推行计划之中。农民在使用新技术的过程中，可以将遇到的问题及需要改进的具体要求反馈给技术普及员，技术普及员再反馈给专门技术员，最后由专门技术员反馈到有关研究机构，经改进提高后再通过上述途径反向传回到农民手中（王建明，2010）。农业技术推广的方式是以生产潜力大的农户为骨干组成的农业集团为工作重点和对象，再依据不同地区的条件特点和问题的重要性与紧迫性开展工作。在向农户推广普及农业技术的同时，通过详细的解释让农户明白技术推广的目的是为了改善农户的生活与提高农业的经济效益。在活动方式上，既给各市、町、村的农业技术人员和农业协会的农业经营与生活指导员以明确的职责，同时又要求他们相互协作、加强联系，如农协的近 2 万名营农指导员与普及中心密切配合开展工作，从而扩大了技术推广普及，提高了指导效果。另外，还鼓励高级农业技术人员与地区领导员间的协作，进一步加强了农业技术的推广、普及力度。

10.1.3 农业科技投入机制

在整个农林水产领域中，国立和公立（都、道、府、县）研究机构使用的研究费比例占 42.9%，民间为 34.9%，大学 22%。政府拨款在日本的农业科研经费投资中起主要作用。由于日本的财政拨款基于"政府管政府，企业管企业"的做法，因此，国立研究机构经费的 98%来自农林水产省和其他（如环保、能源等）的一般会计和特别会计预算，都、道、府、县农林水产研究机构经费的 93%来自当地政府，其余来自国库补助（农林水产省及其他省厅）、受委托研究费（民间的）及其他渠道。

大学的农业科研经费来自政府、民间及其他方面。企业的农业研究经费主要是自身来源，只有少量来自政府，政府对企业的技术开发投资比例只占企业销售额的 0.24%。

在农业科研投向上，不同机构具有明显的分工。日本国立农林水产研究机构是日本的国家级农业科学研究机构，它们的科研工作是面向全国的，研究方向涉及基础性、应用性、开发性及技术推广的各个方面，其中以基础研究为主，它们的科研经费约占日本农业科学研究经费总数的 10%。都、道、府、县等地方公立农业科研机构主要面向本地区，属于区域性研究机构，研究方向主要是以满足当地农业生产发展需要为出发点，以应用与开发性研究为主，向本地区农业发展提供技术支持体系和开展技术推广服务，科研经费占日本农业科学研究经费总数的 30%。日本 70 余所大学的农业院系，则主要从事农业基础理论与应用的研究工作，以中长期研究项目为主。每年的科研经费总额占日本农业科学研究经费基数的 20%左右。民间企业研究机构的研究方向是着重于农业技术的应用开发研究，研究选题主要针对具有良好开发前景的和潜在市场价值的研究项目。近年来研究开发经费增长较快，每年的科研经费占日本农业科学研究经费总数的 40%左右。

10.2 韩国农业科技体制特点

10.2.1 农业科技机构

韩国政府农业科技的机构体系中最重要的管理机构是农村振兴厅。其前身是

1947年韩国政府成立的国立农事改良院。国立农事改良院以农业科研和推广为中心工作，是韩国光复后成立的第一个全国性的农业科技管理机构。1962年4月1日，韩国政府又将各个农业科技的管理机构整合到一起，在首都汉城附近的京畿道水原市成立了农村振兴厅，并且将原农林水产部的农政局、山林局、培训院及农协中央会、水利组合联合会、山林组合联合会的科技、推广和培训管理及其业务指导职能也转交农村振兴厅，由农村振兴厅统一负责农业科技研究、科技推广和科技教育培训，实行一元化领导。管理体制的改革，使农科教结合得更紧密、更彻底。农村振兴厅的主要任务包括四个方面：农业科学技术相关的研究与开发；将已研发的农业科学技术推广到农村；农药、肥料、农机器等农业材料的品质管理；专门农业家的培养及农村生活改善的指导。

在韩国的农业发展中，农村振兴厅发挥了很大的作用，它不仅有农业科研、推广、教育的职能，还具有农林部技术局的职能。这种集行政、科研、推广、教育职能于一体的组织机构，从农业科研项目的立项到经费划拨，再到技术的推广和培训工作，每一个环节都能与现有的科技成果紧密结合，对基层农民具有极强的针对性、实用性和时效性，克服了原来农业科研中出现的资源和经费分散、重复、浪费的弊端，深受广大农民和涉农单位的欢迎。

在地方上，韩国各道、市、郡与中央保持一致，设立了与农村振兴厅相应的组织机构，道（相当于我国的省）设有农业技术院，全国共有9所；市、郡（相当于我国的市县）设有农业技术中心，全国共有182所；每3～4个面、邑（相当于我国的乡镇）设有1个农业技术中心，各农业技术中心又分为作物、生产基地、区域开发和指导等中心。农业技术院、农业技术中心由农村振兴厅和各道、市、郡政府双重领导。各个层级机构的设置都很完善，拥有自己的综合农业科学研究所、培训楼和实验场地，人员配置也很充足，拥有近万名工作人员。

10.2.2　农业科技队伍

韩国农业的科研体系与行政管理体系存在比较明显的对应关系，农林畜产食物部对应农村振兴厅，道农政局对应农业技术院，市、郡对应农业技术中心（原农村指导所），各级科研人员均纳入国家公务员队伍管理。整个农村振兴厅系统中超过60%的科研人员集中于中央，这保障了中央能够宏观配置农业科研的人力资源，对科研项目的管理非常有效。科研项目的确定，由研究人员深入农村广泛征集意见，

或者与涉农单位联合进行选题,再汇总上报上级科研机构和行政管理组织,经组织专家论证后确定下一阶段的主研方向。各级科研机构经费充足,各类科技人员潜心于农业科技事业,全力进行新品种的研究与推广,以及农业科技的教育、普及和应用指导。以市、郡的农业技术中心为例,其中心的主任与所在市、郡的郡首(相当于中国的县长)同级,有利于中心的工作少受干扰,有利于与其他部门的协作顺利开展;每个技术中心都有自己的综合农业研究所、培训楼(含教室、宿舍和食堂)和实习操作场,配备15名左右技术人员和管理人员(一般均为大学毕业),另外还配有8~10名实验工人。这些软硬件上的措施,极大地保障了农业科研工作的顺利进行。

除政府层面的农业科研之外,农协、农业大学及其他涉农单位均具有一定的农业科研职能,并且与农业振兴厅、农业技术院和农业技术中心等政府农政机构紧密合作,在资金和技术方面得到强有力的支持,共同构筑了完善的农业科研体系。

10.2.3　农业推广体系

韩国农业推广体系分为三大系统。第一个是政府系统,由农村振兴厅、农业技术院和农业技术中心具体负责农业推广事宜。政府主导下的农业推广与农业科研紧密结合,由各级农政机构统一管理。在韩国整个农业科技管理体系的一万余人中,推广指导人员4910名,约占总数的50%,其中98%的人员工作在地方上各级农政机构,这就保证了基层能够拥有充足的推广人员来进行推广工作。第二个是农协组织系统。韩国农协是根据《农业协同组合法》于1961年在原农业协同组合和韩国农业银行合并的基础上建成的,是由农民出资、代表农民利益的互助合作组织,为农户提供生产、流通、加工、技术、信用、保险等系列化服务。农协负责一些与农业推广有关的教育、培训和出版等支持性活动,在农业科技推广中发挥了极其重要的作用,是韩国农业科技推广体系中的一个亮点。目前,韩国农协中央会共拥有1404个基层农协组织,在全国各个道、市、邑、面、洞均设有总会的派驻机构,共有农协会员200多万人,占全国农户的90%以上。农协中央和农协在各地的基层组织,与农民联系紧密,能及时了解农民对科技的需要,将农民最需要的农业科技推广到农村基层,并且保证农民能真正使用这些科学技术,取得最直接的收益。第三个是各地的村民会馆。在韩国基层农村中,村民会馆普遍存在,相当于新中国成立前我国的农会,农民可参与集体大小事务的决策,这就方便了各级政府农业政策的推行和加速了最新、最有成效农业科技的推广。村民会馆除用来召开各种会议之外,还单独

或者与各级政府的农政机构举办各种农业技术培训班和交流会，培训班和交流会采用各种通俗易懂的工作方法，使农民能够最直接地与农业推广人员交流，使农业推广工作能够深入持久地进行下去，并且效果明显，受到农村和农民的普遍欢迎（朱世桂和王亚鹏，2008）。

10.3 美国农业科技体制特点

美国的农业已经达到了高度现代化水平，与其卓有成效的农业科研和转化推广工作息息相关。从纵向来看，美国的农业教育-科研-转化推广体系，由两个部分组成：一是农业部农业推广局、农业研究局、州合作研究局联邦农业服务机构，二是由各州大学农学院及其附属机构农业试验站和合作推广站组成的农业院综合体。从横向上看，农业教育-科研-转化推广体系则包括了相互贯通却又相对独立的 3 个部分：各州农学院组成的公共农业教育体系、各州农业试验站和联邦农业推广机构组成的合作农业科技管理体系（黄莉莉和史占中，2006）。

10.3.1 农业科技机构

美国实行政府领导、以州立大学农学院为主体的科研、教育、推广三结合的体系。早在 19 世纪 60 年代，美国联邦议会就成立了农业部，制定了《哈奇法》和《莫里尔法》，为美国农业技术推广体系的建立提供了前提条件，后来《农业合作推广法》的颁布使美国农技推广体系以法律的形式固定下来。美国农业研究体系根据资金来源渠道不同，可以分为公共科研机构与私人科研机构两大部分。公共科研机构由美国农业研究局和 56 个州农业试验站组成。公共科研机构构成美国农业科研体系的主体。美国农业局领导的科研机构负责全国公共研究任务的 40%左右。公共研究机构重点承担具有基础性、探索性、前瞻性的公益性研究，以及难以很快产生经济回报的研究项目；私人科研机构主要是与农业相关的私人企业、家族基金会、协会等兴办的农业科研机构、实验室和一些非盈利机构创办的试验站（王建明，2010）。

美国农业部既是农业的最高行政部门，又是美国最大的研究部门。其中农业研究局是美国农业部最大的机构，按照自然条件和生态环境下设东北部、中北部、南部和西部 4 个研究中心（分布在全美 150 多个不同气候带和不同生态系统的主要

农场和牧场）及科研管理委员会，分别承担国家重大的农业科研项目和科研经济管理工作。联邦政府和州政府在发展农业上有分工又有合作，各自有自己的研究计划。凡是成功概率低、难度大而属于全国性的并带有紧迫性的项目，通常由联邦政府承担。

美国各州的农业试验站以州立农学院为主体，农学院在院一级设置行政管理部门——农业试验站，在州政府授权下，侧重本地区的农业科研和推广工作，农业试验站同时接受美国农业部的拨款。在美国的私人研究机构中，与农业有关的一些公司拥有自己的研究机构和实验站，这些研究机构同时通过与美国农业部、州立大学签订合同，承担具有实际应用价值的技术开发研究（王安国等，2003）。

联邦农业技术推广局是农业推广的管理和领导机构，不直接从事推广工作。州立大学和农学院的农业推广中心是中级管理机构，领导农业推广示范。每一个州农业技术推广的最高主管都是州立大学农学院的院长或副院长，他们兼任农技推广站站长，农学院教授组成推广人员，他们具体负责制订推广计划，设计推广方案，实施推广项目。政府把农技推广的补贴经费拨给这些高校，由其负责技术推广与普及工作。州推广站在各县设立推广分站，县推广站是美国推广体系的基础，是联邦农业技术推广局和州推广中心在地方上的代理机构。县城设立农业技术推广委员会，县推广站的推广人员绝大多数具有硕士以上学位，由州推广站聘用，负责当地农业项目的推广和协调工作。农民需要什么技术，谁能提供技术，由委员会负责人（站长）与有关大学专家及企业取得联系，进行协调。通过委员会这一中介环节将科技与生产紧密地联系起来。美国农业科技推广对农民进行无偿的技术推广服务，这也是美国农业科技得以快速推广的原因之一（王建明，2010）。

10.3.2　农业科技投入机制

美国农业是美国研究与开发长期投资的重点领域之一，属于国家和私人企业投资的第一种类型，国家对农业科技的投入自1958年以来以8%的年增长率逐年增加。到目前为止，尽管美国用于农业科研的私人投资比例在整个农业科研经费中超过50%，但其研究的重点在于能直接应用于生产，具有市场潜力和高额利润的开发性研究上。对于没有直接经济效益但关系到未来科技发展的基础性研究和应用性研究主要依赖于政府投资。强大的国家农业科研机构、国家对农业科学研究和推广的投资是国家食物保障和提高国际竞争力的保障。

美国的农业研究投入是按照法令和条例由联邦政府拨款。美国联邦政府农业研究的投入有4种方向：一是对农业部研究机构农业研究局等的直接投入，占农业部投入的51%；二是对各州的拨款投入按法律方案，占农业部投入的30%，各州农村和农业人口占全国的农村和农业人口的比例是获得这项经费的依据之一，主要用于各州农业（包括畜牧业和林业）研究、学院的研究和推广，以及合作推广体系的重点项目；三是竞争项目拨款，主要为国家研究计划和小型独立项目，占农业部投入的12%；四是特别项目拨款，占农业部投入的7%。

美国农业研究的经费来源有3个途径：联邦政府预算拨款、州政府预算拨款和私人企业自筹。美国农业部系统科研经费主要按照法令或条例由联邦政府拨款，其中大部分拨给农业部农业研究局，用来支持开展基础研究和应用研究。联邦国家科学基金及其他政府机构向农业部农业研究局提供部分资金（约占2.6%），以支持尖端技术的研究。此外，还从私人企业及销售产品、技术服务等获得少量的资金（约占0.4%）。

美国的州农业试验站经费来源于4个方面：一是美国农业部拨款，占22%～25%；二是各州政府预算拨款，占55%～60%；三是与私人企业签订的合同经费、赠款及其他来源，约占15%；四是其他联邦机构提供的研究经费，占7%～8%（王安国等，2003）。

美国农业科技体制具有投入主体多、组织形式活、成果转化快的特点。高科技在美国农业领域的广泛应用，得益于美国比较完善的农业科技体制。美国联邦政府对农业研究、教育和推广的投入比例一直比较稳定，研究投入占农业部总预算的2%～4%，农技推广经费随国民经济增长比例增长，联邦政府用于各州的推广经费，要求各州按1∶4的比例配套，州县政府同样通过财政预算来保证农技推广经费的落实（孔祥智和楼栋，2012）。

10.4　欧盟部分国家农业科技体制特点

10.4.1　法国的农业科技体制特点

法国是欧洲第一、世界第二（仅次于美国）大型农业食品出口国，小麦、玉米和家畜的出口量都位居世界前三位。法国农业的成就与其政府高度重视农业科技研

发和推广有着紧密的联系。

1. 四层次农业科技管理体制

法国政府对农业科技研发与推广一向非常重视,并建立了一套十分高效的四层次农业科技成果转化体系。①研究成果推广署,该署为大学、科研机构和企业之间架起一座桥梁。通过对技术转化项目提供无息贷款(50%)、为企业聘请高级专家、鼓励科技人员创业、免费培训青年企业家、对企业研发活动给予资助等方式将产、学、研有效地结合起来。②农业发展署,该署是由农业行会和政府代表共同管理的企业性协会,主要任务是科普宣传、培训农业工作者和科普工程师、促进企业农业行会和研究单位的合作、对地方农业发展提出建议等(张新华和田玉敏,2012)。③农业研究单位和专业技术中心,是法国农业科技推广和服务体系的重要力量之一。在法国农业部的资助下,各研究单位和专业技术中心都建立了自己的技术推广和服务队伍,为农业科技成果转化和推广做出很大贡献。法国国家农业研究院是全国最大的农业科研机构,也是法国农业领域中唯一从事科学研究的公立机关,其他研究机构基本隶属于大型企业集团或合作社等机构。法国国家农业研究院成立于1946年,在全国各地设有22个研究中心,对全国水土和农业资源进行系统的调查研究,为各地的农业经营提出建议,改良各种作物和家畜品种、培育优良品种,研究农产品加工和保存技术、生物技术,研究农业资源的合理利用和保护等。农业研究院主要任务是为法国农业现代化提供基础研究和应用研究,内容广泛,从国土调查到各种高科技在农业中的应用等都在其中(王建明,2010)。④专业技术协会,法国设有15个国家级农业生产协会,11个农产品加工协会,其分会遍布全国,深入到农业发展的各个环节,主要任务是:维护农业工作者的利益,进行农业科技推广和服务。

2. 三层次农业技术人才教育体系

第二次世界大战后,法国政府对农业教育体系进行了调整和改革,构建了一套科学完备的培养农业技术人才的三层次教育体系。①高等农业教育体系。法国农业高等教育体系主要包括高等技术教育、工程师教育和研究生教育,主要任务是培养高校教师科研人员及国家机关行政人员等。②中等农业职业教育体系,主要由农业职业高中和农业技术高中组成,包括公立学校和私立学校,主要目的是培养具有独

立经营能力的农业经营者或具有某项专门技术的农业工人。③成人农业教育体系，学习对象主要是农场主、农业工人和农业后继者等，主要由农业职业技术学校农业成人培训中心和农业职业教育中心承担培训任务，培训时间从3个月到2~3年不等。这种教育形式在很大程度上提高了农民的专业技术知识与管理水平，提高了农民的文化素质。农业专业人才的培训和农民素质的提高在很大程度上推动了法国农业科技成果转化率和转化效率的提高，对加速法国农业发展起到了举足轻重的作用。

10.4.2 荷兰的农业科技体制特点

荷兰国土面积很小，但农业非常发达，是世界主要农产品、农业食品的生产和出口大国。这主要得益于荷兰具有专业、设置齐全的全国农业科学研究网络：研究、教育和推广的密切结合。荷兰的研究、教育和推广一般都是由政府成立的专门机构实行。1996~2001年，荷兰农业科研和教育从机构到职能进行了历史性的改革和重组，组建成立了全新的农业科教中心——瓦赫宁根大学及研究中心（WUR），对农业科研和教学工作进行统一协调和组织管理。在财务管理模式上，荷兰农业科研与教育机构的财务管理模式表现为集权式的财务管理特点。在经费投入上，荷兰农业科研经费60%以上来源于政府的投资。由于政府的大力支持和稳定经费投入，极大地促进了荷兰农业科技的发展和推广应用（王建明，2010）。知识和科技是农业创新的手段，荷兰农业科研和转化体系为农业的发展提供了巨大的支持。荷兰的农业研究主要服务于农业生产者、农产品贸易商和农产品加工业的需要。荷兰农业科技成果能够迅速转化为生产力，一方面是由于农业科研紧密联系实际；另一方面得益于高校的农业科技成果推广体系。目前，荷兰全国有100多个农业研究机构，它们在农渔部的统一管理之下分别开展基础研究、应用研究和实际研究工作。各研究所之间交流协作频繁，大量交流研究信息，有力地推动了农业研究工作的开展。

荷兰的农业科研推广体系十分全面，主要由4个系统组成。一是政府主导的公益性农技推广系统，由中央和省两级推广处（站）组成，拥有推广人员1000多人。二是农会的推广系统。荷兰农业和园艺组织联合会（以下简称：农会）是荷兰国家级中央农民联合会，其主要目标包括：在地区、国家和国际上代表和促进农户的经济和社会利益，改善农民在地区、国家和国际农业市场上的地位，促进各地市场导向生产链的结合，为持续稳定发展竞争性的农业、开展各项创新活动及与

其他非农业行业的社会组织交往和合作来促进和提高农业行业在整个社会的地位。省一级的农会也都设有社会和经济推广机构，主要负责家政方面的推广工作，包括家庭生活、法律事务、经济合同、青年、妇女、健康、保健等方面的工作。三是私营部门的农技推广系统。近年来，荷兰的私营部门比例呈逐年提高的趋势。1993 年，荷兰农渔部将农技推广机构逐步私有化，大大地减少了对其补贴支出，农技推广机构逐步成为一个盈利公司。中小型的私营农技推广咨询服务公司快速发展（王建明，2010），全国农业商业公司、农业银行等各类私人企业有推广员 2500 多人，负责推销种子、农药、化肥、饲料、农机等产品和信贷咨询工作，这类推广活动属于有偿服务或把服务费包括在销售产品的成本中，这增强了荷兰农业技术推广的竞争性，也大大地提高了农业研究成果的转化率，促进了荷兰农业快速发展。四是农民合作社的农技推广系统，由各类农民合作社开展农技推广。上述 4 个体系各自发挥着重要作用，同时又相互合作、融合，构成了具有荷兰特色的农技推广体系。

欧盟其他国家，如英国、德国、意大利等的农业科技成果转化体系也各具特色、各有千秋，为这些国家促进农业科技成果转化、加快农业现代化进程发挥着重要的作用。

10.5　主要经验及对我国的启示

通过对国外农业科技体制的比较分析，我们可以发现，各国农业科技体制的建立是在完成工业革命后随着科技水平的迅速提高而发展起来并逐渐走向成熟的。由于各国实际情况和发展道路各具特色，各国的农业科技管理体制也千差万别，但都有一些共同的成功之处，这对我国有着一些重要的启示。

10.5.1　有特色的农业科技创新体系

主要农业创新型国家在创新发展的过程中，逐步形成了符合本国经济社会发展特点的国家农业创新体系。国家农业创新体系作为促进农业发展的一种制度安排，是国家经济制度的重要组成部分。国家农业创新体系的行为主体包括公共农业科研机构、农业大学及各种农业教育机构、政府实验室、大型跨国企业的农业研发机构，

以及与农业技术推广相关的公共和私营机构等。它们彼此之间的相互联系和相互作用共同构成农业科学技术知识生产、流动、应用及反馈的复杂网络，成为国家农业发展的科学技术基础。

农业科研机构设置均立足于本国经济、社会发展的实际，与本国的基本国情相适应，并根据科技与经济的发展适时调整。比如，农业科研、教育和技术推广构成了美国富有特色的"三位一体"合作机制，其显著特点是由联邦政府统一按照作物产区和生态区域进行布局，科研机构区域布局合理，科研体制比较健全。日本的农业科研机构主要由国立与公立科研机构、大学和民间企业等部分组成。日本农业科研机构由农林水产省直接领导，具有布局合理、专业齐全等特点。各国均在实践中形成了不同的管理模式，管理模式主要有 3 种：①以美国为代表，不设全国农业科研的统一协调管理机构，而以市场为导向，根据农业科研的不同侧重，形成了由国家、地方和民间科研机构三大系统组成的、多层次型的农业科研管理模式；②以荷兰、以色列为代表，设立全国性农业科研、教育和推广的统一协调管理机构，协调全国性的农业科研、教育和推广，形成了统一型管理模式；③以韩国为代表，借鉴西方发达国家的经验，通过立法，形成了国家统一领导的一体化管理模式（李哲敏和潘月红，2005）。

10.5.2 明确有力的政府导向

农业是弱质产业，农业科技成果又具有很强的外部性和公共性，其发展离不开政府的有力支持。这一点从国外农业科技管理体制的成功经验看，各国政府概莫能外。通常的做法是：政府通过农业立法制定政策，为农业科技转化推广提供必要的资金支持，同时引导社会资金向农业科技成果转化方面活动；通过兴建农业基础设施、支持农业科研和技术推广及开拓市场，为农业科技成果转化提供良好的外部条件，这些都是农业科技成果转化得以顺利实现的关键。根据联合国粮食及农业组织的统计，全世界约有 150 个国家农业转化推广组织的主要形式是以农业部为基础的官方机构；在科研经费方面，世界上许多国家通过立法，确立农业科技机构的法律地位，保证了科研及转化推广经费的来源。例如，美国的农业转化推广经费由农业部承担 20%～25%，州政府承担 50%，县政府承担 20%～25%，私人捐赠仅占一小部分（贾敬敦，2012）。

10.5.3 多元化的农业科技资金来源

多元化的农业科技投资机制是世界各国普遍的经验,尤其是美国、欧洲及经济合作与发展组织等发达国家的经验,表明多元化的投资机制是丰富农业科技投资的一条有效途径。各国政府部门的投资主要集中在公共产品属性较强的领域,如化肥、农药、种子等领域,而在公共产品属性较弱的竞争性领域,如食品加工、农业机械等,政府鼓励非政府部门对农业科技成果转化进行投资(赵庆惠,2010)。

以立法等形式确保农业科技服务经费的投入。经济发达国家通常采取法律、政策等权威的方式,来硬化农业科技服务的财政支出。日本政府于1956年以法令形式发布《农业改良资金援助法的有关规定》,该法规定都、道、府、县向农户发放技术引进资金,稳定农业经营、提高农业生产力。美国联邦政府规定,用于农业科研、推广的财政支出必须随国民经济的增长而增加,并规定联邦政府用于各州的农业科技推广经费按1:4配套,同时也要求各州县政府必须通过财政预算来确保农业科研、推广经费的落实。欧盟基于共同农业政策建立农业共同基金,确保其对农业科技服务的资金支持;为改善农业经营和农民生活,协助农户生产独立,选择集约化农业技术及合理的生活方式,把农村青少年按照适应现代化农业经营的接班人来培养。

作为农业科研的主要投资主体的政府,为公立科研机构提供充足的研究经费支持与便利的条件。例如,日本国立科研机构是农业科研的中坚力量,其科研经费以政府拨款为主,如国立农林水产科研机构经费的99%来自农林水产省,都、道、府、县农林水产研究机构经费的93%来自当地政府。再如法国,政府非常重视为农业科研提供经费支持,法国政府将国家农业研究院的研究经费纳入政府机关经费预算,政府拨款占其经费来源的90%左右。为支持农业基础研究,法国政府优先满足实验室的经费需要,增加基础研究的经费,而且鼓励研究人员创新,如支持组建研究小组、营造充满活力和富有创造精神的研究环境及给年轻研究人员提供便利的科研条件。此外,韩国和我国台湾地区则成立专门的行政部门统一领导和管理农业科技服务工作,如韩国的农村振兴厅和我国台湾的"农委会"。这两个政府机构在科研推广工作中居于主导地位,科研经费以政府拨款为主,而且常年提供较高的科研经费投入,以提供补贴等方式鼓励民间力量从事农业科研活动。

吸纳其他投资主体对农业推广的投入。除政府作为农业科研经费投资主体外,美国农业科研机构为拓宽农业科研推广经费的投入渠道,还积极吸纳其他投资主体。

例如，农业科研机构将研究项目推向市场，根据企业委托开展科研，以吸纳私人企业、农场主等资助；美国私人企业和以基金会名义的农业研究机构通过家族基金、企业自身及私人捐助等方式筹集科研经费；高等农业院校研究机构经费除得到联邦政府和国家科学基金拨款以外，还可得到各种基金组织、个人或企业的资助。而美国政府则对投资于农业科研的企业、农场主与高等院校等各种民间力量进行适当的补贴。各种公司的大量介入与政府提供的补贴，保证了农业科技经费来源，并使农业科技经费呈不断增长的态势（张朝华，2010）。

10.5.4 健全的农业科技评价激励机制

从国际经验上看，发达国家科技激励机制首先靠充分的保障、法律制度的规范及对科学共同体的尊重与监督，进而形成促进科技创新的社会机制和环境氛围。科研人员收入待遇受法律保障和约束，主要发达国家普遍通过法律规范及约束大学和研究机构的教学与研究人员的人事管理，在人员的选聘、评价、晋升、奖励等方面有着严格要求和规范的程序，并明确和保障科技人员的地位、使命、责任和权益。例如，日本、德国、法国等公立机构的教育和科研人员属于国家公务员，美国政府管理的实验室雇员也是公务员身份，其大部分研究人员有着相当稳定的收入保障。相关法律还确保了公务员工资不低于同类职务一般水平，但同时要受公务员法的约束。

其次是充分和稳定的经费保障。德国、法国、英国、日本和美国等为大学提供了有效的间接成本补偿机制，包括科研经费的定期拨付、以科研质量评估为基础给予的拨款资助和约定政府科研项目中间接费用的补偿比例。这些经费有效保障了大学为研究人员提供相关的科研服务和长效支持。

再次是既宽松又非常严厉的考核评价机制。在德国、美国等主要发达国家，大学和科研机构的固定人员岗位很少，科研人员必须经过多轮的评价淘汰才有可能获得终身职位（tenure），其竞争十分激烈、评价机制也相当的严厉，一般只有5%左右的人能够获得终身职位。然而，从具体的标准和评估的周期看，大部分发达国家的评估要求看起来比我国更宽松。一般都是采用任期评价的方式，终身职位采取定期评价。值得一提的是，大多数国家的评价体系并不会专门考核发表了多少论文，而主要是由学术委员会或研究小组领导负责人评价其工作的贡献，并给予职业发展的建议。这样的评价机制既灵活又非常严厉，科研人员的晋升和奖励并不必然决定于发

表文章的数量,还必须经过学术委员会进一步认定,而非公开发表的优秀科研成绩,也能够在评议中获得认可。宽容的社会环境鼓励自由创新,严厉的学术监督遏制学术不端。西方发达国家科技事业长期稳定发展与其宽容的科研环境是密不可分的。西方社会为科学家提供了良好的工作和生活条件,鼓励他们的自由发展,宽容他们的失败,容忍他们长期没有科研成果。西方学术界在鼓励自由探索的同时,对违反科学道德的行为的惩戒是毫不留情的(程郁和王胜光,2010)。

10.5.5　高效运行的农业推广组织

分工明确、充分竞争的农业推广组织。国际上的农业技术推广体系主要有 3 种类型:一是以政府推广机构为主导的农业技术推广体系;二是政府领导,企业、研究所和大学参与的农业技术推广体系;三是非政府组织主导的农业技术服务体系。研究表明,世界上 81%以上的国家都采用的是前两种方式。日本和美国就是前两种体系的典型代表,农业推广组织有明确的公益性职能,具有健全的内部组织机构、确定适量的岗位目标和细化岗位职责。推广体系归政府部门直接领导,重点从事公益性强、关系国计民生的农业技术推广工作,农业部门下属的推广机构负责组织、管理和实施其辖区的农业技术推广工作。

科研、教学与推广三者的有机结合。日本成立专门的农业普及事业协力组织机构,将农业科研单位、学校和改良普及所等相关组织联系起来,实现了科研、教学与推广三者的结合。美国的大学农学院都集教育、研究和农业技术推广于一体,这种三位一体的模式有效地提高了农业技术在农业发展中的作用。

农业发达国家在加强农业技术推广人才队伍建设方面,基本具有一些共同特点:一是多途径提高技术人员的知识水平;二是高度重视面对农民的农业科技教育;三是给予推广人员较高的社会地位和福利待遇。在日本要成为一名专门技术员或改良普及员,需要达到国家规定的学历标准,并通过国家或地方举办的专门考试,而专门技术员则还要有若干年从事农业试验研究、技术推广或教学工作的实践经验。美国不仅有健全的农业技术推广组织体系,而且还有一支高素质的农业技术推广队伍,除志愿人员外,从事农业推广的专职人员均是有相当水平的农业科技人员(丁自立等,2011)。

第 11 章　强化农业科技支撑作用的体制机制改革建议

11.1　充分认识农业科技的定位

2012 年中央一号文件准确指出的农业科技"公共性、基础性和社会性"的"三性"功能定位,是进一步深化农业科技体制改革的依据。公共性是指农业科技创新面向的是广大农民,并且具有超出个体性的群体属性,主要体现在提供主体、价值取向、服务对象等方面。基础性主要是指农业科技对于农业、农村社会经济发展的基础性作用,而不是指农业科技属于基础性学科。农业科技主要还是面向产业需求,解决实际问题的应用型技术,而不完全是纯粹的基础科学。社会性是指农业科技和农业本身一样具有保障国家食物安全和生态安全等的重要社会功能。农业科技的"三性"功能定位说明很多科研成果必须以廉价的方式让农民应用,不能完全地转化成企业利润,这就决定了农业科技创新要受需求不足和供给不足的双重约束,决定了农业科技创新不能只靠市场机制,国家必须承担起对农业科技支持的责任。

除了明确农业科技功能定位外还需要认识农业科技创新的特殊性。农业科技由于研究对象的特殊性、影响因素的复杂性,与工业部门相比,还具有长期性、地域性、风险性等显著的特殊性。这些特殊性也决定了必须强化国家对农业科技的支持,必须采取适应农业科技特点的体制机制。长期性是指对植物育种、动物繁育等新品种的研究,不仅受动植物自身生命周期、自然气候环境的影响,还受农业生产诸要素相互作用的影响,往往要通过多代的遗传、筛选、培育,才能育出新品种。例如,小麦育出一个新品种需要 7~8 年的时间,因此,该研究具有长期性。地域性是指农业科研的对象是有生命的植物和动物,科研成果的大面积推广、应用,会受地理气候、环境条件、自然资源的制约,而运用的农业生产措施、操作程序、物质手段等,都带有显著的地域性。风险性是指农业是市场风险和自然风险相互交织的产业,农业科研的风险集中表现在以下两个方面:一是农业科技发明创造难,主要是探索生物内部规律及其与外界因素的关系,它的发明创造周期较长、难度较大,充满很多

不确定性；二是农业科技应用难，不仅受到推广组织、推广人员素质及推广方式的制约，还受到自然地域、农民素质、市场环节等多因素的影响，不确定性因素较多（万宝瑞，2013）。

11.2 强化农业科技支撑作用要处理好"五个关系"

1. 政府与市场的关系

农业科技的"公共性、基础性和社会性"定位及国家食物保障的首要任务，决定了农业科技发展应该主要依靠发挥政府的作用，必须加大投入力度支持农业科技发展。盈利性的农业应用科技可以让市场机制在引导科技资源配置中发挥更大作用。

2. 农业主管部门与科技主管部门的关系

农业主管部门最了解农业科技需求和未来发展方向，应该由农业部门主抓本产业的重大技术创新，科技主管部门主抓涉及多行业的基础性、战略性高技术创新。

3. 中央与地方的关系

农业科技发展需要中央与地方的共同配合，涉及全国的农业科技问题要由中央来解决，仅仅涉及地方的农业科技问题需要由地方来解决，涉及跨地区的农业科技问题则需要中央和地方共同协作解决。

4. 常规性农业科技组装与重大农业科技创新的关系

面对经济发展及资源环境约束，未来国家食物的保障既需要在重大农业科技创新中取得突破，拓展可选技术的边界，也需要有常规性机制，把已积累的技术经过组装，实现集成创新，适应面广量大的农业生产需要。

5. 竞争性支持与稳定性支持的关系

科学基金制通过自主申请、专家评审、竞争择优的机制，能调动科研人员的积极性，但缺少国家总体规划，比较适合自由探索式研究。稳定性支持有助于科研人

员对研究计划做长远安排。农业应用技术研究适合采用稳定性支持,但也要有一定的激励机制。

11.3 抓住重点领域改革农业科技体制机制

前瞻性重大科技难题的破解和常规性科技持续转型升级,必须要有谋划和推动。近期,我国农业发展因为缺乏谋划和推动导致严重影响社会经济发展的教训是深刻的。例如,改革开放后,我国制造业和第三产业的发展推动了农村劳动力向城镇大量转移,农业生产必须以机械化来支持这种转移;随着农作物产量的提高,秸秆和农业废弃物相应大幅度增加,农村燃料又大量转向煤和气,结果是收获季节全国大范围燃烧秸秆,既浪费了光合产物又导致了环境的严重污染。改革开放已经38年,这两个问题的发现至少也有20年了,漫长的时间内还没有当作重要问题组织攻关去解决,从科技方面看,我国至少有科技主管部门和农业主管部门两个部门有责任管理这件事。这个事实说明农业科技需求问题的解决应有全局的顶层设计、长远谋划和持续监督,要有预见性地纳入国家经济发展大局计划,从形成稳定健全的破解重大农业科技问题的长效机制的改革上着眼,建立健全能支撑国家重大农业科技发展的体制和机制。

11.3.1 改革农业科技创新体制

1. 设立国家农业可持续发展研究与监管机构

作为全国农业和食物生产的组织者,必须有专门机构和成员系统研究每年、短期和中长期农业和食物生产的布局和调控。作为常设机构,密切掌握国家农业产业全方位的动态,根据国内外农业产业动态每年提出农业产业结构布局的建议和相应的政策建议,就全国食物保障(安全)的可持续发展为中央领导提供咨询,其中包括全国农业发展的合理布局、跟踪国内外食物生产的动态调整策略、农业科技发展的重大支撑咨询等一系列问题,统筹谋划全国农业可持续发展的大局。农业作为国民经济的基础,农民占全国人口的一半以上,为"农村、农业和农民"建一个持之以恒、统筹谋划全国农业持续发展的机构是合适的。进一步的建议是

扩大建设农业部，在"农村、农业和农民"的全局上总管国家农业的可持续发展，这样可将国家农业可持续发展研究与监管机构设在农业部。各省应在省政府或农业厅设有相应机构。

2. 明确中央各部门的科技管理职能分工

国家农业主管部门应承担产业应用技术并转化为生产力的责任，而国家科技主管部门应为农业源技术、源科学创新奠定基础。农业科学技术涉及3个层面：农业应用技术、农业应用技术的源技术与源科学、基础性科学。国家农业主管部门要切实担起农业产业技术转型升级创新和农业应用源技术与源科学创新的责任，通过技术推广体系转化成生产力；国家科技主管部门要为农业源技术、源科学创新奠定高技术、高科技的基础。能深入细致了解产业动态和技术需求的还是产业部门，非产业部门往往不能深入实际、深入细微，解决不了涉及全国农户（企）紧迫的食物保障的科技支撑问题。农业主管部门拥有最大规模的行政和技术力量，要利用其对各省（自治区、直辖市）、各地域农业生产掌握第一手认知的优势，组织好相应地区常规产业技术改进和重大农业科技前瞻性创新互动的设计和实施，适时适地不断形成、落实技术的新常态。要由农业主管部门组织耕地资源可持续利用的重大科技需求项目的规划、论证与组织实施。农业主管部门联合其他相关部委和省份组织非耕地资源利用策略重大科技项目的规划、论证与组织实施。农业主管部门负责重大科技需求必需的科技规划项目编制、论证并与其他相关部委联合作为国家重大专项组织实施。当前农业机械和秸秆处理的问题应立攻关专项，限期解决。农业科技基础性的生物学、物理学、化学的共性研究，应由国家科技主管部门或国家自然科学基金委员会组织和管理，要为农业源技术、源科学创新奠定高技术、高科技的基础。

3. 明确中央与地方科研机构职能分工

为了打破中央与地方科研机构分工不清、研究内容"上下一般粗"的格局，我国必须合理界定中央和地方科研机构的职能与分工，明确国家级农业科研机构负责基础性和战略性研究，重点研究对全国有重要影响的突破性产业技术和全国资源条件改造问题，并开展必要的基础性研究。根据农业生产的区域特点，设立区域性农业科研机构，主要负责结合区域农业发展的需要，开展有针对性的关键农业技术研究和区域资源改造。省级农业科研机构要研究本省的产业技术创新和资源条件改造。

市级科研机构全面负责利用各种已有技术，针对地方性特点和需求进行组装、集成、更新、配套，直接服务于地方农业的发展。

4. 建立产业技术与技术组装体系、前瞻性源技术与涉农源科学研究体系两大农业技术研究体系

农业科技研究要以产业发展需求为首要目标，农业科技研究要建立两大体系，产业技术研究和组装体系与前瞻性源技术、涉农源科学研究体系。要不计官级，全国统归农业部、省统归农业厅管理，以保证服务产业发展的导向。省建立产业技术体系服务于省农业产业技术的研发，国家建立产业技术体系服务于全国和区域性农业技术的创新。省级农业科学院要和农业大学联合，重点研发省内产业技术升级创新及技术组装问题，国家级农业科学院、农业部重点实验室和农业大学相结合，重点研发前瞻性、全国性、区域性的源技术和涉农源科学问题。整合地区农业科研机构和农业技术推广体系资源，统筹建立地区性农业产业技术体系。为了满足常规性的农业科技组装更新需求，探索公益性农业技术推广机构改革，要重新界定地区农业科研机构的作用边界，将地区农业科研机构与基层农业技术推广体系的资源进行系统整合，建立地区性农业产业技术体系，服务于地方农业产业发展。

引导中国农业科学院、高等农业院校和中国科学院有关研究所发掘提炼农业科技支撑的高技术、高科技命题，用以推动我国农业科技的跨越发展。要引导中国农业科学院、高等农业院校和中国科学院有关研究所熟悉全国农业生产，不断发掘、提炼农业科技创新的新方向、新问题，上升到基础科学层面上研究与农业科学有关的高技术、高科技命题。农业科学涉及多方面的基础学科，不仅仅是生物学，农业现代化涉及的机械化、自动化、信息化、集约化与化学、物理学等密切相关。要根据中国的国情、农情利用高技术、高科技新成果推动我国农业科技跨域发展。

5. 加强现代农业产业技术体系和学科群建设

现代农业产业体系有利于凝聚农业科研力量，创新科技管理方式，提高农业科研整体实力，促进科研与生产的结合；有利于促进农业科技工作者深入一线，使科技人员与生产实践的联系更加紧密，建立应对突发事件的快速响应机制；有利于支撑优势产业发展，提高区域创新能力。要适度扩大农业部设立的产业技术体系，扩充产业技术体系覆盖的品种。地方产业技术体系要加大力度发展，省市要充分利用

地方相关科技资源及力量,建设具有地方特色或优势的产业技术体系。地方产业技术体系要和农业部设立的产业技术体系协同工作。农业部设立的重点实验室学科群体系要进一步扩展,该体系挂靠在基层研究单位,要筹集常规研究经费,支持其设定的定向、定位和相关的研究。

6. 改进项目管理机制,减少行政干扰

优化农业科技项目立项流程,从科学问题的提出到项目立项整个流程应公开透明,让真正优秀的科学家和团队承担项目,科技管理部门做好组织、服务工作。农业科技主管部门应重点做好项目落实、执行情况检查、经费调控和项目验收等各项服务与管理工作。简化农业科技项目管理流程,减少对科研创新工作的干扰。国家、省市的研究项目应落实到法人单位,单位要承担科技管理的实际责任,包括技术、经费和条件的管理,课题负责人应经单位认定并赋予实际责任。

11.3.2 培育多种类型的农业科技创新主体

1. 加快推进农业科研机构分类改革

要继续加快推进农业科研机构的分类改革。促进从事农业基础研究、社会公益研究和前沿研究的科研机构加快建立现代科研院所制度,探索建立符合农业科研规律的、有序竞争与相对稳定支持相结合的经费资助机制,并且在基本科研业务费、事业人员编制、工资待遇等方面给予政策和资金保障。适当整合现有研究机构,加大投入,逐步形成一支稳定服务于国家目标的农业科研基地和具有国际水平的研究团队。积极稳妥地推动有市场前景、商业研发能力较强的科研机构整体或部分转制为企业,并在税收等政策方面给予倾斜支持。

2. 逐步培养企业成为农业科技创新主体

农业科技资源配置机制改革重点在于确定涉农企业应为科技创新主体。要对农业科技创新不同主体的作用进行重新定位,完善财政支持农业科技创新经费分配,建立健全高效创新机制,促进农业科技创新体系人力资源合理流动。农业科技基础性、公益性研究应由政府出资投入,并由科技部或国家自然科学主管部门

等部委组织和管理，逐步通过税收优惠、国家科技项目倾斜等途径，鼓励农业科技型企业和农业产业化中龙头企业建立健全大研发机构，引导企业增加农业科技创新投入，逐步成为国家农业科技创新体系中的重要力量，提升农业科技创新能力，加快农业科技创新。推动企业发展技术研究，用技术引领农产品的开发，国家鼓励企业用利润反哺技术研究，可有偿帮助企业发展科技，但不能将纳税人的税收奉送给企业。

3. 提升高校农业科技创新能力

高等农业院校是我国农业科技创新的重要主体。要改革高等农业院校科研激励机制，改变高校追求课题立项、论文发表、专著出版、成果获奖，对成果转化重视不够、科研成果转化率低等弊病。要凝练高等农业院校科技创新团队，加强农业科技创新平台建设力度，提升高等农业院校强化创新能力。要强化高等农业院校服务社会的能力，高校也要参与农业技术推广，建立产、学、研合作新机制。要开展应用技术、应用基础和基础性研究，配合农科院发展产业技术的研究和推广，中央和省两级农业大学可在服务地区上作相对分工，中央级农业大学应多关注全国性农业科技问题，省级农业大学以解决本省农业科技问题为主。

11.3.3 完善农业科研投入机制

1. 加大农业科研投入

加快建立以政府为主导、社会力量广泛参与的多元化农业科研投入体系，形成稳定的投入增长机制，使 2020 年我国农业科技投入占农业国内生产总值的比例达到 2%，促进农业科技原始创新。国家应通过农业部联合其他相关部委对重大科技项目的规划、论证和组织实施给予人、物、力的支持，结合各地区的资源禀赋和农业产业特点，建立不同的产业技术创新中心，对重点研究所、实验室、工程中心等给予经费和运行的实质性支持，加大对农业高校的支持力度，为培养出更多杰出的农业科技人才做努力。

此外，产业技术研究和组装体系应由国家或省的专项经费支持；前瞻性源技术、涉农源科学研究体系应以拨款为主，辅以自由基金竞争。

2. 提高稳定资助比例

农业科研经费的划拨应该分情况实施，基础研究应该更多地倾向于实行自由竞争的资助方式，这样能提高科研人员的积极性，防止学术垄断，提高原创性；应用研究方面应该偏向于围绕产业问题，实行长期稳定资助，这样研究人员就不必为了项目来回奔跑，浪费精力，有利于集中精力搞科研。建议把农业科研中稳定资助的比例提高到60%以上。

3. 改进农业科研经费的管理方式

在完善监督机制的基础上，按照科研规律管理科研经费，经费及时拨付到位，增强科研人员使用经费的自主性，提高经费中劳务费的比例。

11.3.4 改革农业科技评价制度

这是管理机制方面的内容，其重要性不言而喻。国家应革新激励创新的原则和机制，奖励应重视荣誉性，奖励的重点在于奖励工作条件。奖励要远离金钱和腐败，取缔时时、事事与金钱挂钩的滥发奖金机制，取缔以金钱为诱饵的人员流动投机机制。要精简政府奖励，调整奖励结构，接轨国际科技奖励办法，多发展市场化和社会力量奖励、多发展公益性科技奖励。相应地要改革科技奖励评价机制，分类建立科学的农业科技绩效评价制度。具体见如下介绍。

1. 科研奖励要具有导向性

引导农业科研教育机构围绕农业生产持续发展开展技术和科学创新，改革科研激励机制。国家要提出激励创新的原则和机制，奖励应重视荣誉性，奖励的重点在于奖励工作条件。奖励要远离腐败，将奖励与年度考评结合起来，取缔时时、事事与金钱挂钩的滥发奖金机制，取缔以金钱为诱饵的人员流动投机机制。

2. 改革科技奖励评审机制

要逐步取消现行的奖励申报的自荐方式，建立第三方推荐奖励申报制度，特别

要大力支持鼓励学术共同体、民间组织等社会力量推荐申报国家科技奖励。积极探索建立真正意义上的同行专家，即同专业学科、同一研究方向专家评审的随机抽取制、涉嫌回避制、定期轮换制、网络评审制、异地鉴定制与专家信誉制，并与市场评审、用户评审、效益评审及理论评审等有机结合，逐步将评审会组长主导的评奖方式转变为更为客观、科学、民主的方式。打破科技项目计划的时限，适度延迟结题、验收、鉴定与奖励申报时间，根据其多年后生产应用规模及实际社会、经济与生态效益状况再进行价值评估、定论和奖励。

3. 发展市场化奖励和社会力量奖励

农业科研应用技术研究、应用基础研究或技术开发研究为主导的鲜明特点，决定了科技成果与人才评价最具发言权和权威性的实际主体是农户、生产应用单位和市场。因此，除了基础研究或部分应用基础研究以外，应用技术研究或技术开发研究尤其是技术推广领域的相关科技奖励应交由市场、企业、专业协会或具有相当资质的第三方独立中介机构组织评审，评委中须有相当数量的企业、农民与市场等社会力量代言人的席位及声音，政府应当退出对应用技术的评审干预。

4. 建立分类、科学的农业科技绩效评价制度

研究探索建立更加科学合理与公平的科技评价与绩效管理体系，建立适应不同专业学科与岗位特点的系统而全面的综合考量指标体系与同行评价管理制度，适度量化与定性有机结合，直接、显性、短期与间接、隐性、长期价值形态并重，进一步淡化现有科技奖励在人才评价、职称评审、绩效考核管理中的作用地位，不唯奖励、论文、学历、职称、身份和地位，只唯实绩、实效与贡献，使科技奖励和绩效评价制度真正回归到科学、健康、良性发展的轨道。要以精神奖励为主，防止奖励后团队散伙的现象。

11.3.5　构建国家区域性的农业产业技术组装体系

农业区域环境的差异、作物品种的持续更新、农业科技的不断进步决定了我国地方性的产业技术需要持续性地进行重组、调整和更新，使新技术能够直接、快速、顺畅地应用于田间地头的农业生产。但基于当前我国农业技术创新和推广体系的制

度缺陷，常规性的产业技术与农业生产实际脱节，科研与需求脱节的现象较为普遍。尽管我国2007年开始建立了现代农业产业技术体系，力量仍然不足，因此，有必要构建完善的农业产业技术组装体系，持续更新"套餐式"的农业技术组合，实现农业技术进步对农业生产的适时驱动。

整合地区农业科研机构和农业技术推广体系资源，统筹建立地区性农业产业技术体系。为了满足常规性的农业科技组装更新需求，探索公益性农业技术推广机构改革，要重新界定地区农业科研机构的作用边界，将地区农业科研机构与基层农业技术推广体系的资源进行系统整合，建立地区性农业产业技术体系，服务于地方农业产业发展。

1. 以市县为单位构建种植业产业技术体系

突出农业的区域性特征，注重农艺与农机相结合，注重农艺与病虫害防治相结合，对适合作业的品种和栽培技术进行定性描述，对相关指标进行定量表达，形成从种到收的"套餐式"技术组合，把模式化的高产高效技术重点放在种植大户、家庭农场、合作社等新型经营主体上的推广应用，提高劳动生产率、土地产出率和资源利用率，实现规模效益，推进粮食生产规模经营的发展。

2. 改造现有的推广站体系使之成为地方性的产业技术体系

尽管国家启动建设了50个现代农业产业技术体系，围绕产业发展需求，进行了大量的共性技术和关键技术研究、集成和示范；收集、分析了国家农产品的产业及其技术发展动态与信息，为农业产业的发展提供了全面系统的技术支撑；推进了产、学、研结合，提升了农业区域创新能力。然而，现有农业产业技术体系的专家团队远不能满足不同区域农业产业技术的适时组装需求。可以发挥农业院校在农业科研开发和农业技术推广中的作用，吸纳农业院校人才参与农业技术创新，重点改革现有的农技推广站，使之成为国家农业产业技术体系的地方性产业技术体系，缩短科研成果的推广路径，提高农业科技成果的转化率和普及率。

主要参考文献

阿力木江. 2009. 新疆沙质荒漠化防治区划及分区防治模式研究. 北京: 中国林业科学研究院博士研究生学位论文

白南生, 李靖, 陈晨. 2007. 子女外出务工、转移收入与农村老人农业劳动供给——基于安徽省劳动力输出集中地三个村的研究. 中国农村经济, (10): 46-52

边全乐. 2009. 农业科技评价及其问题与建议. 中国农学通报, 25(11): 277-283

蔡立旺. 2004. 农户决策影响因素的实证研究——步凤镇农民植棉及品种更新的过程分析. 江西农业学报, 21(2): 133-137

陈百明. 2000. 中国农业资源综合生产能力与人口承载能力. 北京: 气象出版社

陈百明. 2002. 未来中国的农业资源综合生产能力与食物保障. 地理研究, 21(03): 294-304

陈百明, 陈安宁. 2000. 我国农业资源现状与近期潜力评估. 资源科学, 22(2): 1-7

陈百明, 周小萍. 2005. 中国粮食自给率与耕地资源安全底线的探讨. 经济地理, 25(2): 145-148

陈标金, 李胜文. 2013. 农业科技计划管理体制存在的突出问题及对策. 广东农业科学, 40(13): 201-203

陈卫. 2006. 中国未来人口发展趋势: 2005－2050 年. 人口研究, 30(4): 93-95

陈文佳. 2011. 中国水稻生产空间布局变迁及影响因素分析. 杭州: 浙江大学硕士研究生学位论文

陈锡文. 2010. 当前农业和农村经济形势与"三农"面临的挑战. 中国农村经济, (1): 4-9.

陈锡文. 2013. 农业和农村发展: 形势与问题. 南京农业大学学报(社会科学版), 13(1): 1-10

陈锡文. 2015. 中国农业发展形势及面临的挑战. 农村经济, (1): 3-7

陈锡文, 陈昱阳, 张建军. 2011. 中国农村人口老龄化对农业产出影响的量化研究. 中国人口科学, (2): 39-46

陈锡文, 唐仁健. 2012. 解读 2012 年中央一号文件实录(摘). 农村工作通讯, (3): 19-22

程国强. 2016. 中国需要新的粮食安全观. 黑龙江粮食, (7): 5-7

程郁, 王胜光. 2010. 科技创新人才的激励机制及其政策完善. 中国科学院院刊, 25(6): 602-611

从德. 2013. 集约化草原畜牧业发展模式研究——以锡林郭勒盟集约化草原畜牧业发展为例. 呼和浩特: 内蒙古大学硕士研究生学位论文

丁声俊. 2012. 我国粮食"九连增"的成因及启示——兼谈价格杠杆的运用及作用. 经济理论与实践, (11): 4-6

丁自立, 焦春海, 郭英. 2011. 国外农业技术推广体系建设经验借鉴及启示. 科技管理研究, 31(5): 55-57

方骥贤. 2008. 关于农业科研单位实行岗位设置管理制度的探索. 热带农业工程, 32(1): 61-65

封志明. 2007. 中国未来人口发展的粮食安全与耕地保障. 人口研究, 31(2): 15-29

高启杰. 2002. 我国农业推广投资现状与制度改革的研究. 农业经济问题, 23(8): 27-33

邰若素, 马国南. 1993. 中国粮食研究报告. 北京: 北京农业大学出版社

郭久荣. 2006. 以色列农业科技创新体系及对中国农业科技发展的启迪作用. 世界农业, (7): 39-42

主要参考文献

郭熙保, 赵光南. 2010. 我国农村留守劳动力结构劣化状况及其对策思考——基于湖北、湖南、河南三省调查数据的分析. 中州学刊, (5): 112-117

郭占锋. 2012. "试验站": 西部地区农业技术推广模式探索——基于西北农林科技大学的实践, (06): 101-104

国家发展和改革委员会价格司. 2014. 全国农产品成本收益资料汇编 2014. 北京: 中国统计出版社

国家统计局. 2015. 中国统计年鉴 2015. 北京: 中国统计出版社

国务院. 2012. 国务院关于印发全国现代农业发展规划(2011—2015 年)的通知. http://www.gov.cn/zwgk/2012-02/13/content_2062487.htm [2013-6-15]

国务院. 2016. 国务院关于印发实施《中华人民共和国促进科技成果转化法》若干规定的通知. http://www.gov.cn/zhengce/content/2016-03/02/content_5048192.htm [2016-7-8]

韩俊. 2004. 当前我国粮食供求形势分析. 中国农技推广, (2): 11-12

韩兰英, 万信, 方峰, 等. 2013. 甘肃河西地区沙漠化遥感监测评估. 干旱区地理, 36(1): 131-138

郝宏智, 王洪预, 曹庆军, 等. 2012. 我国农业类高校和农业公益性科研机构科研评价体系比较. 农业科技管理, 31(4): 37-39, 67

何安华, 陈洁. 2014a. 台湾粮食供给保障与宏观调控的经验及启示. 台湾研究集刊, (2): 66-76

何安华, 陈洁. 2014b. 韩国保障粮食供给的战略及政策措施. 世界农业, (11): 53-58

何忠伟. 2005. 中国粮食供求模型及其预测研究. 北京电子科技学院学报, 13(1): 19-22

胡瑞法, 时宽玉, 崔永伟, 等. 2007. 中国农业科研投资变化及其国际比较. 中国软科学, (2): 53-65

胡小平, 郭晓慧. 2010. 2020 年中国粮食需求结构分析及预测: 基于营养标准的视角. 中国农村经济, (6): 4-15

黄寰. 2005. 科技与中国耕地资源可持续利用. 生产力研究, (9): 122-123

黄季焜. 2013. 新时期的中国农业发展: 机遇、挑战和战略选择. 中国科学院院刊, 28(3): 295-300

黄季焜, 胡瑞法. 1999. 中国农业科技投资现状与政策. 北京: 中国农业出版社

黄季焜, 胡瑞法. 2000. 农业科研体制的国际比较. 农业科研经济管理, (1): 4-7

黄季焜, 胡瑞法. 2008. 完善农业科研改革, 促进农业科技创新. 农村工作通讯, (13): 18-20

黄建勇. 2005. 我国农业科技项目管理研究. 福州: 福建农林大学博士研究生学位论文

黄俊. 2006. 武汉市财政农业科技投入模式研究. 武汉: 华中农业大学博士研究生学位论文

黄莉莉, 史占中. 2006. 国外农业科技成果转化体系比较及借鉴. 安徽农业科学, 34(1): 151-153

纪绍勤. 2005. 我国农业科技创新体系研究. 北京: 中国农业科学院博士研究生学位论文

纪月清. 2010. 非农就业与农机支持的政策选择研究——基于农户农机服务利用视角的分析. 南京: 南京农业大学博士研究生学位论文

贾敬敦. 2012. 农业科技成果转化体制机制与政策研究. 北京: 中国农业科学技术出版社

姜长云, 李显戈, 董欢. 2014. 关于我国粮食安全与粮食政策问题的思考——基于谷物自给率与日、韩相关经验的借鉴. 宏观经济研究, (3): 3-10

孔祥智. 2014. 农业政策学. 北京: 高等教育出版社

孔祥智, 楼栋. 2012. 农业技术推广的国际比较、时态举证与中国对策. 改革, (1): 12-23

雷红梅, 牟子平, 吴文良. 2004. 中国耕地资源可持续利用的技术与制度创新战略. 湖南农业大学学报, 5(6): 10-14

黎东升, 曾靖. 2015. 经济新常态下我国粮食安全面临的挑战. 农业经济问题, (5): 42-47

李更生. 2007. 农户农地经营决策行为研究——以贵阳市永乐乡水塘村为例. 贵阳: 贵州大学硕士研究生学位论文

李澜, 李阳. 2009. 我国农业劳动力老龄化问题研究——基于全国第二次农业普查数据的分析. 农业经济问题, (6): 61-66

李立秋, 胡瑞法, 刘健, 等. 2003. 建立国家公共农业技术推广服务体系. 中国科技论坛, (6): 125-128

李旻, 赵连阁. 2009. 农业劳动力"老龄化"现象及其对农业生产的影响——基于辽宁省的实证分析. 农业经济问题, (10): 12-18

李平, 孙小龙, 刘天明, 等. 2013. 草原牧区发展中问题浅析. 中国草地学报, 35(5): 133-138

李琴, 宋月萍. 2009. 劳动力流动对农村老年人农业劳动时间的影响以及地区差异. 中国农村经济, (5): 52-60

李岳云, 蓝海涛, 方晓军. 1999. 不同经营规模农户经营行为的研究. 中国农村观察, (4): 41-47

李哲敏. 2007. 近50年中国居民食物消费与营养发展的变化特点. 资源科学, 29(1): 27-35

李哲敏, 潘月红. 2004. 五国农业科研机构设置与管理特点及其对我国的启示. 科学管理研究, 22(6): 39-43, 75

李哲敏, 潘月红. 2005. 国外农业科研、投入体制和机制研究. 科技与管理, 7(1): 39-42

林鹏生. 2008. 我国中低产田分布及增产潜力研究. 北京: 中国农业科学院博士研究生学位论文

刘伯龙, 竺乾威, 何秋祥. 2011. 中国农村公共政策: 政策执行的实证研究. 上海: 复旦大学出版社

刘江, 杜鹰. 2010. 中国农业生产力布局研究. 北京: 中国经济出版社: 157-197

刘顺飞. 2007. 中国水稻布局变化研究——1978年至2004年. 南京: 南京农业大学博士研究生学位论文: 19-20

刘汶荣. 2006. 吉林省农业技术创新问题研究. 长春: 吉林农业大学硕士研究生学位论文

刘晓俊. 2006. 我国粮食需求分析与预测. 金融教学与研究, (3): 34, 49

刘晓俊, 李春萍, 侯聪. 2006. 我国粮食需求分析与预测. 金融教学与研究, (3): 34, 49

刘振伟. 2004. 我国粮食安全的几个问题. 农业经济问题, (12): 8-13

刘振伟. 2012. 关于农业技术推广法修改的有关问题. 农村工作通讯, (17): 9-14

刘志勇, 罗子欣. 2010. 以科技创新优化区域耕地资源可持续利用. 现代管理科学, (6): 81-85

刘自强, 武胜利, 李志忠, 等. 2004. 塔克拉玛干沙漠西北边缘植被特征与生态保护策略. 新疆师范大学学报, 23(3): 72-76

卢良恕. 2003. 中国农业新发展与食物安全. 中国食物与营养, 11: 11-14.

罗琼. 2008. 科技创新视角下的社会主义新农村建设. 长沙: 长沙理工大学硕士研究生学位论文

罗晓燕, 欧阳克氙. 2013. 以创新和质量为导向的高校科研评价机制改革. 安徽农业科学, 41(5): 2349-2350

吕超峰, 韦伊强, 赵瑞晓, 等. 2014. 农业废弃物秸秆综合利用技术的研究. 能源与环境科学, (3): 187-189

马林, 张扬. 2013. 我国草原牧区可持续发展模式及对策研究. 中国草地学报, 35(2): 104-109

马晓河, 黄蓓. 2012. 当今我国利用了多少世界农业资源. 农业经济问题, (12): 4-10

马晓河, 黄汉权, 王为农, 等. 2011. "七连增"后我国粮食生产形势及政策建议. 宏观经济管理, (6):

主要参考文献

11-13

马永欢, 牛文元, 汪云林, 等. 2008. 我国粮食生产的空间差异与安全战略. 中国软科学, (9): 1-9

毛世平, 曹志伟, 刘瀛弢, 等. 2013. 中国农业科研机构科技投入问题研究——兼论国家级农业科研机构科技投入. 农业经济问题, (1): 49-56

倪洪兴. 2010. 开放条件下我国农业产业安全问题. 农业经济问题, (8): 8-12

倪洪兴. 2014a. 开放视角下中国粮食安全战略再思考. 农产品市场周刊, (4): 32-34

倪洪兴. 2014b. 我国重要农产品产需与进口战略平衡研究. 农业经济问题, (12): 18-24

倪洪兴, 于孔燕, 吕向东, 等. 2015. 中国农产品贸易面临的挑战及对策. 农业展望, 11(5): 64-67

农业部农产品贸易办公室. 2015. 中国农产品贸易发展报告 2015. 北京: 中国农业出版社

庞丽华, Rozelle S, de Brauw A. 2003. 中国农村老人的劳动供给研究. 经济学季刊, 2(3): 721-730

裴新民, 张友腾, 刘晨, 等. 2011. 我国棉花生产机械化发展状况研究. 农机科技推广, (1): 19-22

彭珂珊. 2002. 西部生态环境重建面临的严峻挑战. 科技导报, (9): 57-60

钱文荣, 郑黎义. 2010. 劳动力外出务工对农户水稻生产的影响. 中国人口科学, (5): 58-65

钱勇. 2009. 农业科研人员的使命是什么. 中国家禽, 31(5): 9-11

仇焕广, 李登旺, 宋洪远. 2015. 新形势下我国农业发展战略的转变——重新审视我国传统的"粮食安全观". 经济社会体制比较, (4): 11-19

石玉林, 封志明. 1997. 开展农业资源高效利用研究. 自然资源学报, 12(4): 293-298

孙素敏. 2012. 国外农业科技成果转化体系现状及其对我国的启示. 农村经济与科技, 23(9): 18-20

孙宗凤. 2005. 系统动力学在水资源管理中的应用. 水利水电技术, 36(6): 14-21

唐华俊. 2014. 新形势下中国粮食自给战略. 农业经济问题, 35(2): 4-10

唐旭斌. 2010. 中国农业科技组织体系 60 年. 科学学研究, 28(9): 1308-1315

田鹏. 2012. 湖南省基层农业技术推广体系改革与发展研究. 长沙: 湖南农业大学硕士研究生学位论文

万宝瑞. 2012. 科技创新: 中国农业的根本出路. 中国合作经济, 10: 7-8

万宝瑞. 2013. 当前农业科技创新面临的问题与建议. 湖南农业科学, (10): 1-5

王安国, 陈建全, 何利辉. 2003. 中美农业科技投入与科技体制比较. 世界农业, (11): 15-17

王洪亮. 2000. 我国农业技术创新动力机制研究. 北京: 中国农业大学博士研究生学位论文

王济民, 肖洪波. 2013. 我国粮食"八连增"的性质与情景. 农业经济问题, (2): 22-30

王骞. 2012. 我国农业科技成果转化研究. 青岛: 中国海洋大学博士研究生学位论文

王建明. 2010. 发达国家农业科研与推广模式及启示. 农业科技管理, 29(1): 48-51

王涛. 2007. 我国沙漠化现状及其防治的战略与途径. 自然杂志, 29(4): 204-211

王西萍. 1998. 青海省粮食需求趋势预测. 青海科技, 5(3): 12-17

王志学, 信乃诠. 2004. 世界农业和农业科技发展概况. 北京: 中国农业出版社: 108

吴海盛. 2008. 农村老年人农业劳动参与的影响因素——基于江苏的实证研究. 农业经济问题, (5): 96-102

吴敬学. 2012. "八连增"之下粮食安全形势依然任重道远. 中国合作经济, (5): 10-11

吴凯锋. 2006. 全面落实科学发展观推进我国草业可持续发展. 草业科学, 23(10): 107

吴新宏, 刘雅学. 2009. 做好草原大文章的意义和亟需解决的关键问题. 中国草地学报, 31(3): 4-7

吴支行. 2009. 目前我国基层农技推广机构存在的问题及对策建议. 安徽农学通报, 15(7): 13-15

夏乐平. 2005. 1979~2000 年中国人口生育趋势: 出生数据和教育数据的比较. 人口研究, 29(4): 2-15

夏训诚, 樊胜岳. 2000. 中国沙漠科学研究进展. 科学通报, 45(18): 1908-1911
信乃诠. 2008. 我国农业科学技术体系问题. 农业科技管理, 27(2): 1-8
徐建华. 2002. 现代地理学中的数学方法(第二版). 北京: 高等教育出版社: 370-390
徐秀丽. 2004. 面向穷人的农业科技政策研究. 北京: 中国农业大学博士研究生学位论文
徐秀丽, 李小云, 左停, 等. 2003. 农业科技政策应以支持农民生计改善为导向. 中国农村经济, (12): 4-10
杨起全, 张峭, 刘冬梅, 等. 2012. 如何才能加快推进农业科技创新. 中国科技论坛, (3): 5-10
杨曙辉, 宋天庆, 欧阳作富, 等. 2013. 试论中国农业科技奖励制度的利与弊. 农业科技管理, 32(1): 42-46
杨婷. 2014. 浅析农业科技如何助推现代化农业破解"最后一公里难题". 新农村(黑龙江), (8): 52-53
杨志武. 2010. 外部性对农户种植业决策的影响研究. 南京: 南京农业大学博士研究生学位论文: 23-57
叶兴庆. 2014. 准确把握国家粮食安全战略的四个新变化. 中国发展观察, (1): 6-7
叶贞琴. 2013. 转变发展方式打造粮食发展新增长势——关于我国粮食"九连增"后的若干思考. 农业经济问题, (5): 4-9
于学军. 2003. 对第五次全国人口普查数据中总量和结构的估计. 人口研究, 26(3): 9-15
俞路, 吉晓芹, 姜爱兰, 等. 2010. 农业科技评价存在的问题及对策. 现代农业科技, (11): 365-367, 370
岳庆玲, 胡根海, 吕建晓. 2011. 腾格里沙漠东部边缘过渡带生态信息系统的建设与应用. 湖北农业科学, 50(2): 405-406
曾维忠. 2002. 我国农业科技体制及运行机制研究. 雅安: 四川农业大学硕士研究生学位论文
张朝华. 2010. 发达国家农业科技服务的主要经验及其对中国的借鉴. 科技进步与对策, 27(8): 100-103
张朝华. 2013. 制度变迁视角下我国农业科技政策发展及展望. 科技进步与对策, 30(10): 119-123
张昊, 朱建飞, 施群荣. 2008. 基于过程和评价激励的高校科研创新机制研究. 江苏工业学院学报(社会科学版), 9(4): 40-43
张红宇, 赵长保. 2009. 中国农业政策的基本框架. 北京: 中国财政经济出版社
张利庠. 2006. 中国饲料产业发展报告. 北京: 中国农业出版社
张效军, 欧名豪, 李景刚, 等. 2006. 中国区域耕地赤字/盈余预测. 经济学家, (3): 41-48
张新华, 田玉敏. 2012. 农业技术推广机制的借鉴与思考. 中国国情国力, (11): 54-57
张银定. 2006. 我国农业科研体系的制度变迁与科研体制改革的绩效评价研究. 北京: 中国农业科学院博士研究生学位论文
张永丽. 2009. 农户劳动力资源配置及其对农业发展的影响——我国西部地区8个样本村的调查与分析. 农业技术经济, (2): 4-16
张振华, 黄俊, 张超. 2014. 基于三螺旋理论的农业科技协同创新实践探索. 农业科技管理, 33(1): 24-28
赵其国, 黄季焜. 2012. 农业科技发展态势与面向2020年的战略选择. 生态环境学报, 21(3): 397-403
赵庆惠. 2010. 发达国家农业科技成果转化资金特点及转化模式分析. 世界农业, (8): 1-3
中国科学院农业领域战略研究组. 2009. 中国至2050年农业科技发展路线图. 北京: 科学出版社: 1-156
中国科学院学部《中国科技体制与政策》咨询项目组. 2011. 关注科技发展的多元化与持久性价值体现——对我国科技体制与政策问题的思考与建议. 科学对社会的影响, 1(1): 4-9
中国粮食经济学会. 2005. 国家粮食安全新战略研究和政策建议. 中国粮食经济, 2005(3): 8-13

主要参考文献

中国社会科学院农村发展研究所,国家统计局农村社会经济调查司. 2015. 中国农村经济形势分析与预测(2014~2015). 北京：社会科学文献出版社

中国物价年鉴编辑部. 2004~2014. 中国物价年鉴 2004~2014

中国营养学会. 2008. 中国居民膳食指南(2007). 拉萨：西藏人民出版社

钟甫宁. 2009. 世界粮食危机引发的思考. 农业经济问题, 30(4): 4-9, 110

钟甫宁. 2011. 农业政策学. 北京：中国农业出版社

周琨. 2011. 我国农业技术推广体系问题研究. 杨凌：西北农林科技大学硕士研究生学位论文

朱满德, 程国强. 2015. 中国农业的黄箱政策支持水平评估：源于 WTO 规则一致性. 改革, (5): 58-66

朱世桂. 2012. 中国农业科技体制百年变迁研究. 南京：南京农业大学博士研究生学位论文

朱世桂, 王亚鹏. 2008. 立足国情, 特色发展——韩国农业科技体制解析及启示. 江苏农业科学, (06): 6-9

Angus D, Jean D. 2009. Food and nutrition in India: facts and interpretations. Economic & Political weekly, 44(7): 42-65

Barten A. 1964. Family composition, prices and expenditure patterns. *In*: Hart P, Mills G, Whitaker J K, *et al*. Econometric analysis for national economic planning: 16th symposium of the colston society. London: Butterworths

Blaylock J. 1990. Adult equivalence scales and the size distribution of income. Applied Economics, 22(11): 1611-1623

Blaylock J. 1991. The impact of equivalence scales on the analysis of income and food spending distributions. Western Journal of Agricultural Economics, 16(1): 11-20

Buse R C, Salathe L E. 1978. Adult equivalent scales: an alternative approach. American Journal of Agricultural Economics, 60(3): 460-468

Chavas J, Citzler A. 1988. On the economics of household composition. Applied Economics, 29(10): 1401-1418

FAO, IFAD, WFP. 2013. The food insecurity in the world 2013: the multiple dimension of food insecurity. Rome: FAO. http://bit.ly/1piFzNB [2016-12-15]

Gould B, Villarreal H. 2002. Adult equivalence scales and food expenditures: an application to mexican beef and pork purchases. Applied Economics, 34(9): 1075-1088

International Food Policy Research Institute. 2014. Global nutrition report 2014: actions and accountability to accelerate the world's progress on nutrition. Washington D.C.: International Food Policy Research Institute

Meenakshi J, Ray R. 2002. Impact of household size and family composition on poverty in rural India. Journal of Policy Modeling, 24(6): 539-559

Pollak A, Wales T. 1981. Demographic variables in demand analysis. Econometrica, 49(6): 1533-1551

Yang J, Huang Z, Zhang X, *et al*. 2013. The rapid rise of cross-regional agricultural mechanization services in China. American Journal of Agricultural Economics, 95(5): 1245-1251

Yu W S, Ellbey C, Zobbe H. 2015. Food security policies in India and China: implications for national and global food security. Food Security, 7(2): 405-414

Zhong F N, Xiang J, Zhu J. 2012. Impact of demographic dynamics on food consumption: a case study of energy intake in China. China Economic Review, 23(4): 1011-1019